CORSICA

JEAN COSTANTINI

PHOTOS
CALVIN COURJON

DUCASSE
EDITION

JE SUIS JEAN COSTANTINI

« DE LA BEAUTÉ À L'ASSIETTE »

Depuis l'enfance, un rêve me tient éveillé : devenir cuisinier. Ceux qui franchissent les portes de A Casaluna, à Paris, savent que ce lieu est bien plus qu'un simple restaurant : c'est un espace de transmission, un lieu de mémoire vivante, où je partage ma vision de la cuisine, de la restauration et de l'importance de l'histoire qu'on y raconte.

À A Casaluna, et dans ces pages, je défends une cuisine d'excellence qui célèbre la pureté du produit et l'âme de ceux qui le font naître. Chaque ingrédient emblématique de mon île est sublimé par les techniques apprises tout au long de ma carrière – une passerelle entre mes racines et l'exigence des grandes cuisines, un dialogue entre la tradition et l'invention.

Ma cuisine est une ode à la Corse : brute, sincère, radicale, traversée par le souffle de l'île.
Je revisite les recettes d'autrefois sans jamais les figer car, pour moi, la tradition vit, elle respire, elle évolue.
Chaque plat est un prolongement de moi-même, de mon histoire, de mes émotions.

« Cucinà hè a mimòria di l'anima. »
(Cuisiner, c'est faire parler la mémoire de l'âme.)

C'est une cuisine habitée. Une cuisine de conviction. Et si elle a du goût, c'est parce qu'elle est habitée de sens.

Les producteurs locaux, passionnés, humbles, fiers de leur terre, sont au cœur de cette démarche.
Leur travail, leur exigence, leur amour du produit nourrissent chaque assiette.

Ce livre est un hommage.
À eux, aux gestes silencieux, aux saisons respectées, à la beauté du travail bien fait.
À travers ces pages, découvrez leur labeur, leur savoir-faire rare, et tout ce qu'ils offrent à notre patrimoine gastronomique, jour après jour, sans bruit mais avec une force immense.

RINGRAZIU À TUTTI

C'est au cœur d'une famille mêlant racines corses par sa mère et culture parisienne par son père qu'il développe son goût et découvre les subtilités de la cuisine.

Animé par une détermination sans faille, il travaille dans de grandes maisons où il gravit peu à peu les échelons.

En 2010, il prend la direction d'A Casaluna, le restaurant de sa cousine, en plein cœur de Paris.

Il décide de faire de ce lieu de cuisine de tradition un lieu d'expérience de la beauté et de la sincérité corses.

Il travaille d'arrache-pied, nuit et jour, multiplie les essais. Il veut conserver l'ADN de cette cuisine corse savoureuse et goûteuse en lui donnant une dimension gastronomique.

Il s'entoure des meilleurs artisans corses, allège en gras, concentre, radicalise pour ne garder que l'essentiel : le goût.

De ses douze années de recherche naît une nouvelle identité : des plats en apparence simple, composés de peu d'ingrédients mais au goût unique, centré sur le produit.

À l'été 2023, Alain Ducasse déjeune chez A Casaluna. Il est séduit par cette cuisine radicale qui se concentre sur le produit et qui va à l'essentiel.

Les deux hommes décident de partager cette identité singulière dans un ouvrage publié par Ducasse Édition.

Corsica de Jean Costantini est né.

ALAIN DUCASSE

Combien de fois suis-je passé devant A Casaluna, en entrant par la rue de Beaujolais dans le jardin du Palais-Royal, sans jamais y entrer ? Le restaurant de Jean Costantini et de son frère Kévin se tient là, discret, presque caché. Il est d'une élégance sobre, à l'image du quartier : à la fois vibrant et hors du temps.

Je n'avais que quelques minutes le jour où j'ai enfin poussé la porte. J'en suis ressorti plusieurs heures plus tard.

J'y ai goûté une cuisine franche portée par une créativité qui ne cherche pas l'effet, mais la justesse. Ancrée en terre corse, elle dit beaucoup sans en faire trop. Cette terrine de figatellu, par exemple, servie chaude, presque brûlante. Une des signatures du chef. En quelques bouchées, tout est là : un produit, un geste, un territoire.

Depuis, je reviens. Souvent. A Casaluna est un lieu d'auteur. Un lieu de liens : un chef et ses producteurs, un terroir et ses saisons. Une cuisine en mouvement, fidèle à son sol, tournée vers l'essentiel : le produit, toujours. Dans sa vérité et sa force.

Ce livre est un hommage à la Corse. À ce qu'elle a de plus brut, de plus intense, de plus beau. Les recettes sont celles de Jean, héritières d'une identité forgée par les paysages corses. Il y a là l'âme d'un cuisinier qui avance entre son île et le continent, sans jamais perdre le cap.

Je suis heureux de signer cette préface. Parce que la cuisine de Jean dit ce qui, pour moi, dessine celle de demain : la justesse dans la simplicité et le respect du vivant.

CEDRIC GROLET

Ma rencontre avec Jean en dit long sur l'homme qu'il est et sur ce que sa cuisine incarne.

En 2022, j'ai lancé une série très limitée de cours particuliers, dix séances sur l'année, en petit comité, pour garder un esprit intime. En quelques heures à peine, une seule personne avait réservé toutes les sessions : Jean.

Souriant, passionné, toujours le premier arrivé, il s'impliquait avec enthousiasme à chaque cours. En fin d'année, il m'a invité dans son restaurant. A Casaluna, à deux pas de l'endroit où nous pâtissions ensemble, pour partager sa vision de la Corse.

J'y ai découvert un lieu à son image : sincère, chaleureux, soigné. À travers chaque plat, Jean racontait son île avec une passion intacte, du producteur jusqu'à l'assiette.

Ce livre est son hommage à la Corse, entre tradition et modernité, porté par l'amour du produit.

Je vous invite à le parcourir comme on suit un sentier corse : AVEC CURIOSITÉ, RESPECT ET ÉMERVEILLEMENT.

TAPAS

Pour les Pinzuti (les français de métropole) : la pulenda, *c'est le pain corse.*
Le mélange de farine de châtaigne et d'eau est cuit longuement dans un chaudron. J'ai choisi de revisiter cette pulenda *traditionnelle en une galette très fine, toastée à l'huile d'olive pour lui apporter du croustillant et faire ressortir le côté torréfié de la châtaigne. Elle est ici associée à l'avocat, un fruit qui pousse très bien sur mon île.*

AVOCAT ET *PULENDA* CHÂTAIGNE

ÉCRASÉ D'AVOCAT

4 avocats
300 g de chair d'avocat
1 cédrat
20 g de cédrats confits au sel (*voir recette p. 280*)
40 g d'huile d'olive
5 g de thym de Corse haché
5 g de romarin haché
5 g de népita hachée

Émincer finement les 4 avocats. Réserver.
Écraser la chair d'avocat avec le jus et le zeste du cédrat frais, le cédrat au sel haché, l'huile d'olive et les herbes. Réserver au frais.

JAUNE D'ŒUF CONFIT À L'HUILE D'OLIVE

8 jaunes d'œufs
200 g d'huile d'olive
1 branche de thym de Corse
1 branche de romarin
5 g de fleur de sel

Dans un récipient, déposer les jaunes d'œufs et couvrir avec l'huile d'olive. Ajouter le thym, le romarin et la fleur de sel. Enfourner pour 45 minutes dans un four préchauffé à 70 °C.

PULENDA

350 g de farine de châtaigne
500 g d'eau
10 g de sel

Tamiser la farine. Verser l'eau dans le bol du Thermomix®, puis chauffer pendant 8 minutes à 100 °C en première vitesse. Ajouter ensuite le sel et la farine. Faire bouillir 10 minutes à 100 °C, en deuxième vitesse, après avoir retiré le verre doseur. Débarrasser la pâte dans un torchon fariné.
Étaler sur une épaisseur de 1 cm, puis laisser reposer jusqu'à refroidissement complet de la pâte.

DRESSAGE

À l'aide d'un emporte-pièce de 12 cm de diamètre, découper 8 disques de *pulenda*.
Les faire griller dans une poêle bien huilée, puis en disposer un au centre de chaque assiette.
À l'aide du même emporte-pièce, recouvrir la *pulenda* avec l'écrasé d'avocat, puis disposer sur le dessus l'avocat en rosace. Garder un espace au centre de la rosace pour déposer le jaune d'œuf confit à l'huile d'olive.

La soupe corse, c'est quelque chose ! Rien ne vaudra jamais celles des grands-mères faites au village, qui contiennent toutes les saveurs de la Corse. Si vous venez dîner à A Casaluna, je vous donnerai de bonnes adresses pour goûter la vraie de vraie ! Ici, j'ai voulu pousser l'expérience encore plus loin, grâce à une infusion à la cafetière japonaise. Le processus permet d'obtenir un consommé contenant toute l'essence de mon île.

BOUILLON DE SOUPE CORSE

6 tranches de lonzu
100 g de figatellu
50 g de haricots blancs secs
1 tomate
5 haricots verts
1 feuille de chou vert
1 pomme de terre
1 courgette
1 carotte
1 navet
1 oignon
1/2 gousse d'ail
1/2 branche de céleri
25 g d'huile d'olive
1 branche de thym de Corse
1 branche de romarin
1 feuille de laurier
5 g de sel aux baies de myrte
Poivre

Découper les tranches de lonzu et le figatellu en morceaux. Faire cuire les haricots blancs à l'eau bouillante salée pendant 1 heure et 30 minutes.

Éplucher les légumes et les couper en gros morceaux. En réserver 8 petits morceaux de chaque pour le montage. Faire revenir le reste des ingrédients dans l'huile d'olive avec les aromates jusqu'à ce qu'ils soient fondants. Ajouter 2 litres d'eau, couvrir et faire cuire 30 minutes à feu doux.

Laisser refroidir au réfrigérateur pendant 24 heures.

Le lendemain, récupérer le bouillon au-dessus des légumes et le passer au torchon. Conserver la garniture pour la consommer ultérieurement.

Dans une cafetière japonaise, déposer dans le contenant du haut les ingrédients crus préalablement réservés. Verser ensuite le bouillon dans le récipient du bas de la cafetière, allumer le feu sous le ballon et laisser le processus d'infusion se faire. Servir lorsque le bouillon est redescendu dans le ballon.

Sur le continent, tout repas commence par du pain et du beurre. J'avais envie d'imaginer cette tradition à la corse. En travaillant une huile d'olive bien froide, on a obtenu la texture du beurre pommade. Déposée sur un morceau de pain à la châtaigne torréfiée, presque sucré, cette huile d'olive givrée est parfaite pour entamer un repas. L'huile d'olive chez nous, c'est comme le beurre demi-sel pour les Bretons !

HUILE D'OLIVE À TARTINER ET TAPENADE GIVRÉE

HUILE D'OLIVE À TARTINER

250 g d'huile d'olive Ghjermana
35 g de jus de citron
3 g de xanthane
2 g de fleur de sel
1 g de poivre

Mixer ensemble les différents ingrédients, puis réserver le mélange au réfrigérateur pendant 24 heures.
Le lendemain, mixer de nouveau, puis réserver de nouveau au congélateur pendant 24 heures.
Passer au Pacojet® à la minute, puis servir immédiatement dans un ramequin congelé.

TAPENADE GIVRÉE

500 g d'olives noires dénoyautées
150 g de lait
5 g de xanthane
Le zeste de 1 citron

Mixer ensemble les olives dénoyautées, le lait et le xanthane.
Ajouter le zeste du citron râpé, puis réserver le mélange au réfrigérateur pendant 24 heures.
Le lendemain, mixer de nouveau, puis réserver au congélateur pendant 24 heures.
Passer au Pacojet® à la minute, puis servir immédiatement dans un ramequin congelé.

NOUS SOMMES LA FAMILLE ANDREANI

Sur notre propriété de 10 hectares, méticuleusement entretenue, entourée de noisetiers, de vergers et de maquis, nous avons choisi de produire une variété locale, la Ghjermana, propre à la Casinca et à la Castagniccia.

Cette variété précoce d'olives donne une huile douce et fruitée, légèrement poivrée, fleurant bon la noisette, l'amande, l'artichaut et les arômes du Maquis.

Notre huile d'olive s'inscrit dans une longue tradition familiale, celle d'une double lignée paternelle et maternelle de gens de la terre qui, génération après génération, nous ont transmis la même exigence du travail bien fait, ainsi que l'amour de ce terroir et de l'olivier, cet arbre d'une valeur intemporelle qui a nourri notre île, la Corse, depuis des siècles, façonnant des paysages emblématiques. L'olivier, c'est notre histoire, notre mémoire, notre patrimoine et aussi un savoir-faire, une excellence que nous nous attachons à perpétuer, à travers notre gamme phare : A Merula.

Famille Andreani, François, Cathy, Vincent & Nicolas.

Sur la commune d'Aléria, l'étang de Diane produit l'huître endémique nustrale. Elle a une subtile saveur de noisette, vous devriez la goûter ! Ici, l'huître est servie au naturel, avec un morceau de cédrat et un trait d'huile d'olive mais... la coquille supérieure est comestible, elle est faite en granité de jus d'huître !

HUÎTRE CÉDRAT

GRANITÉ D'HUÎTRE

À RÉALISER LA VEILLE

4 huîtres

Mixer les huîtres, puis débarrasser dans un bac. Réserver au congélateur 24 heures.
Le lendemain, passer la préparation dans une machine à granité.

HUÎTRES POCHÉES

4 huîtres de gros calibre
90 g de jus de cédrat
60 g d'huile d'olive
20 g de cédrats confits au sel
(voir recette p. 280)

Ouvrir les huîtres, les retirer des coquilles, nettoyer ces dernières, puis remettre les huîtres dans leur coquille. Les recouvrir de jus de cédrat et d'huile d'olive, puis déposer sur le dessus des morceaux de cédrats confits au sel.

DRESSAGE

Déposer sur les huîtres un peu de granité d'huître. Exercer une pression légère sur le granité à l'aide d'un moule en silicone en forme de coquille d'huître, pour lui en donner la forme.

NOUS SOMMES JEANNE MURACCIOLI ET BERNARD PANTALACCI

« Étrusques, Grecs, Romains, nous, vous, l'histoire continue ! »

Ici, à Diana, la nature donne beaucoup à ceux qui savent ne prélever que le juste nécessaire et qui écoutent sa respiration multiséculaire.

Classé « site remarquable », l'étang offre aux visiteurs un paysage méditerranéen qui provoque toujours un choc esthétique !

Tout converge pour y produire de la nourriture indispensable aux huîtres nustrale : Le soleil est là, l'eau douce coule et le Grégale berce...

Sa beauté nous invite chaque jour à préserver, protéger, transmettre pour encore offrir d'authentiques huîtres nustrale, coquillages appréciés pour être doux en bouche, iodés et originalement parfumés à la noisette.

MULOT

Ils ont la forme du légume, le goût du légume
mais ils sont bien plus que des légumes :
ils cachent un cœur coulant, mijoté, réduit...
Il ne vous reste plus qu'à les tartiner.

LÉGUMES CONFITS

INSERT, SELON LE LÉGUME CHOISI

À RÉALISER 3 JOURS AVANT

COURGETTE

300 g de jus de courgette
4 g d'agar-agar
3 g de xanthane
250 g de courgettes crues en brunoise
3 g de fleur de sel
1 g de poivre
10 g de jus de citron
10 g de câpres hachées
25 g de cédrats confits au sel (*voir recette p.280*)

Porter à ébullition le jus de courgette, puis ajouter l'agar-agar. À froid, mixer au Thermomix® le jus gélifié puis ajouter le xanthane. Ajouter les courgettes crues, puis assaisonner avec le sel, le poivre, le jus de citron, les câpres et le cédrat au sel. Réserver au frais.

TOMATE

100 g de tomates vertes en brunoise
100 g de tomates jaunes en brunoise
100 g de tomates rouges en brunoise
300 g de jus de tomate centrifugé
3 g de xanthane
300 g de tomates confites mixées (*voir recette p.281*)
5 g de sel

Rassembler les brunoises de tomates et les rouler dans le sel. Laisser dégorger dans un bac à trou. Mixer au Thermomix® le jus de tomate centrifugé, puis ajouter le xanthane. Ajouter enfin la brunoise et les tomates confites mixées. Mélanger et réserver au frais.

AUBERGINE

600 g de caviar d'aubergine (*voir recette p.280*)
4 g de xanthane
1 aubergine en petits dés

À froid, mixer au Thermomix® le caviar d'aubergine, puis ajouter le xanthane. Disposer les dés d'aubergine sur une plaque de cuisson et enfourner pour 1 heure et 30 minutes dans un four préchauffé à 180 °C.
Réaliser ensuite une seconde cuisson, en faisant revenir les dés d'aubergine à la poêle, pour bien les faire confire et les débarrasser de leur eau. Les mélanger au caviar d'aubergine et réserver au frais.

POIVRON ROUGE

300 g de poivron confit mixé (*voir recette p. 281*)
3 g de xanthane
100 g de poivron confit (*voir recette p. 281*)
100 g de poivron cru en brunoise
3 g de fleur de sel
1 g de poivre
10 g de jus de citron

À froid, mixer au Thermomix® la purée de poivron, puis ajouter le xanthane. Ajouter le poivron confit, le poivron cru, puis assaisonner avec le sel, le poivre et le jus de citron. Réserver au frais.

PÂTE DE LÉGUME CONFIT, SELON LE LÉGUME CHOISI

À RÉALISER 2 JOURS AVANT

COURGETTE

1 kg de courgettes
10 g de jus de citron jaune
20 g de purée d'olive verte
20 g de menthe fraîche
60 g de pectine NH

Mixer tous les ingrédients au Thermomix®, à 100 °C, pendant 2 minutes.
Réserver au frais.

TOMATE

650 g de tomates confites égouttées (*voir recette p. 281*)
20 g de pectine NH
Sel
Poivre

Mixer tous les ingrédients au Thermomix®, à 100 °C, pendant 2 minutes.
Réserver au frais.

AUBERGINE OU POIVRON ROUGE

1,2 kg d'aubergines ou de poivrons rouges
1 citron
40 g de pectine NH
5 g de fleur de sel
10 g de poivre

Passer les légumes entiers à la flamme, jusqu'à ce que leur peau soit complètement noire. Terminer la cuisson au four, à 200 °C pendant 1 heure, pour les aubergines, à 165 °C pendant 2 heures, pour les poivrons.
Après la cuisson, égoutter les légumes de leur jus, prélever et conserver leur chair. Laisser refroidir. Mixer la chair avec la pectine et le jus d'un citron au Thermomix® à 100 °C, pendant 2 minutes. Assaisonner avec la fleur de sel et le poivre. Réserver au frais.

ENROBAGE KAPPA

À RÉALISER LA VEILLE

1 l d'eau
15 g de kappa
5 g de sel
15 g de sucre
100 g de glucose

Faire bouillir tous les ingrédients dans une casserole. Surveiller la température à l'aide d'un thermomètre : l'enrobage se fait lorsque le mélange atteint 70 °C.

MONTAGE

À DÉMARRER 3 JOURS AVANT

Utiliser un moule en silicone de la forme du légume choisi. À l'aide d'une poche à douille, pocher l'insert de légume à 3/4 du moule, puis réserver 24 heures au congélateur.
Le lendemain, démouler et réserver au congélateur. Pocher, à la poche à douille, la pâte de légume confit dans le moule en silicone désormais vide, puis déposer à l'intérieur l'insert de légume. Lisser à hauteur avec la pâte de légume confit. Réserver de nouveau 24 heures au congélateur avant de démouler.
Plonger le légume en trompe-l'œil dans l'enrobage kappa, puis faire décongeler 12 heures au réfrigérateur.

NOUS SOMMES LA FAMILLE BRUNINI

Je m'appelle Sébastien et, avec mon frère Romain, on représente la quatrième génération d'agriculteurs dans notre famille. Déjà, à l'époque, nos arrière-grands-parents cultivaient des légumes dans la région de Bastia et cette tradition s'est poursuivie avec notre grand-père. C'est avec lui, et plus tard avec nos parents, qu'on a repris racine ici, à Santa-Lucia-di-Moriani. Depuis toujours, on produit des fruits et légumes en agriculture biologique. Mes parents s'y sont engagés dès 1997, à une époque où peu de monde y croyait. Aujourd'hui, c'est cette vision, cette constance, qui nous permet de construire l'avenir.

Tous ensemble, on cultive plus de soixante variétés dans l'année. L'hiver, ce sont les poireaux, choux, blettes, oignons. L'été, place aux tomates, courgettes, aubergines, poivrons et aux fruits en verger : clémentines, oranges, citrons... sans oublier le cédrat, un agrume ancien que notre mère transforme en confitures. Ce que j'aime, c'est suivre tout le cycle, du semis à la récolte. Choisir les variétés, observer le vivant grandir, s'adapter au climat, aux saisons. C'est un métier complet, exigeant, mais qui a du sens. Et cette diversité, c'est notre force. Elle nous permet de travailler en direct, sur les marchés, notamment celui de Bastia, où tout a commencé.

Aujourd'hui, mon frère et moi, on s'installe à notre tour. Pas seulement pour continuer. Mais pour vivre pleinement cette passion transmise, et en faire notre avenir.

Ici, je vous propose un monument de la gastronomie française en version corse. Ce pâté en croûte est confectionné avec du sanglier et du sciaccarellu, un de nos cépages les plus emblématiques : il produit principalement des vins rouges aux notes de fruits rouges, comme la cerise, la framboise et la mûre sauvage.

PÂTÉ EN CROÛTE DE SANGLIER

GELÉE DE SANGLIER

À DÉMARRER 2 JOURS AVANT

- 1,3 kg d'épaule de sanglier
- 30 g de vin blanc
- 15 g de Cap Corse Mattei®
- 10 g de Whisky Corse P&M® Single Malt
- 20 g d'échalote
- 30 g de carotte
- 30 g d'oignon
- 7 g d'ail
- 15 g de gras de porc
- 25 g de sel
- 7 g de baies de myrte
- 1,3 kg de gelée de pied de veau

Faire mariner l'épaule de sanglier avec les alcools et les légumes coupés en morceaux, pendant 12 heures au réfrigérateur.
Dans un grand faitout, faire fondre le gras de porc avec le sel, puis colorer les morceaux d'épaule dans le gras.
Lorsque les morceaux sont bien colorés, ajouter l'ail et les baies de myrte, puis continuer la cuisson pendant environ 5 minutes.
Ajouter les légumes marinés, la marinade et porter à frémissement.
Incorporer ensuite la gelée de pied de veau tempérée, puis enfourner le faitout, à couvert, pour 4 heures dans un four préchauffé à 160°C.
À la fin de la cuisson, laisser refroidir les morceaux dans la gelée.
Le lendemain, dégraisser, débarrasser les morceaux de sanglier et les réserver pour les consommer ultérieurement.
Réserver au frais.

PREMIÈRE PRÉPARATION POUR LA FARCE

À DÉMARRER LA VEILLE

- 650 g de gorge de porc
- 330 g de foie de porc
- 7 g de Cap Corse Mattei®
- 7 g de sel aux baies de myrte
- Huile d'olive

Mettre les morceaux de gorge de porc à mariner dans le Cap Corse® avec le sel aux baies de myrte, puis réserver au frais pendant 12 heures.
Le lendemain, faire chauffer un grand faitout avec un fond d'huile d'olive, à feu fort, et cuire les morceaux de foie de porc rosés, soit environ 4 minutes de chaque côté.
Laisser refroidir, puis passer la préparation au hachoir avec les morceaux de gorge de porc marinés.
Réserver au frais.

DEUXIÈME PRÉPARATION POUR LA FARCE

À DÉMARRER LA VEILLE

650 g d'épaule de sanglier
15 g d'échalote
30 g de Cap Corse Mattei®
12 g de sel aux baies de myrte
10 g de Whisky Corse P&M® Single Malt
30 g de vin blanc
20 g d'ail
Persil

Faire sauter rapidement l'échalote émincée dans le Cap Corse®. Réserver.
Assaisonner les morceaux d'épaule de sanglier avec le sel aux baies de myrte, les trois alcools, l'ail haché, le persil ciselé, et les échalotes au Cap Corse®.
Réserver la préparation au frais pendant 12 heures.
Le lendemain, égoutter les morceaux de viande (en conservant bien la marinade) et les saisir dans une poêle à feu vif pendant 10 à 15 minutes. Mouiller avec la marinade, couvrir, puis enfourner pour 12 heures à 160 °C.
Laisser refroidir la viande et la couper en dés de taille moyenne.

ASSEMBLAGE DE LA FARCE

À RÉALISER LA VEILLE

80 g de pain de mie
160 g de lait entier
Première préparation pour la farce
Deuxième préparation pour la farce
1 œuf
160 g de girolles cuites
160 g de noisettes
Thym

Faire tremper le pain de mie dans le lait pendant 15 minutes.
Pendant ce temps, mélanger la préparation de foie de porc haché avec les dés de sanglier, l'œuf, les girolles taillées, les noisettes concassées et du thym.
Passer ensuite le pain de mie imbibé au hachoir et l'ajouter à la préparation.
Verser la préparation dans la cuve d'un batteur muni de la feuille et mélanger pendant 5 minutes.
Réserver au frais pendant 6 heures.

PÂTE À PÂTÉ

250 g de farine
85 g de saindoux
70 g d'eau
6 g de sel

Dans la cuve d'un batteur muni de la feuille, mélanger tous les ingrédients jusqu'à obtenir une boule de pâte homogène.
Réserver au frais pendant 4 heures.

MONTAGE

1 jaune d'œuf

Abaisser la pâte à 3 mm d'épaisseur.
Chemiser un moule à pâté en croûte avec la pâte.
Remplir avec la farce, refermer avec le reste de la pâte, bien sceller les bords en chiquetant avec un peu d'eau et former une petite cheminée sur le dessus du pâté en croûte.
Dorer ensuite le pâté en croûte avec le jaune d'œuf battu avec un peu d'eau.
Enfourner pour 20 minutes dans un four préchauffé à 215 °C, puis baisser la température à 170 °C et poursuivre la cuisson pendant 20 minutes. Il faut que la farce atteigne 50 °C à cœur.
Pour terminer, réchauffer la gelée et la passer au chinois, puis la couler dans le pâté en croûte en la versant par la cheminée.
Laisser refroidir et réserver au frais pendant 8 heures avant de servir.

Certains de nos fidèles vendraient leur âme pour cette pizzetta, sans doute leur entrée préférée. Imaginez : une brioche feuilletée dorée, croustillante et moelleuse, une sauce civet de sanglier bien réduite, une compotée de tomates confites, des tranches de figatellu passées quelques minutes au four à pizza, c'est à se damner !

PIZZETTA FIGATELLU

BRIOCHE FEUILLETÉE

300 g de lait
35 g de levure boulangère fraîche
825 g de farine T45
3 œufs
50 g de sucre semoule
13 g de sel fin
75 g de beurre pommade
450 g de beurre de tourage

Verser tous les ingrédients, sauf les beurres, dans la cuve d'un batteur muni du crochet.
Mélanger en première vitesse pendant 10 minutes.
Passer ensuite le batteur en deuxième vitesse, jusqu'à ce que la pâte se décolle des parois. Incorporer le beurre pommade.
Pétrir jusqu'à l'obtention d'une pâte homogène. La température de la pâte doit être d'environ 24-25 °C.
Recouvrir la cuve d'un torchon humide et laisser pointer à température ambiante pendant 1 heure. Dégazer.
Abaisser la pâte en un rectangle, puis le beurre de tourage sur la pâte.
Réaliser un tour double, puis un tour simple pour obtenir une pâte feuilletée.
Étaler la pâte à 2 mm, puis découper des disques de 14 cm de diamètre à l'aide d'un emporte-pièce.

MONTAGE

250 g de tomates confites mixées
(voir recette p. 281)
250 g de sauce civet de sanglier
(voir recette p. 281)
400 g de figatellu

Sur les disques de pâte, déposer des points de confit de tomate et de sauce civet de sanglier.
Parsemer le tout de la moitié du figatellu, coupé en tranches.
Enfourner pour 7 minutes dans un four préchauffé à 180 °C.
Pendant ce temps, faire sauter dans une poêle à sec le reste du figatellu haché, pendant 5 minutes à feu moyen.
À la sortie du four, déposer le figatellu grillé sur les pizzetta, puis servir.

Je voulais faire une pizza entre la France,
l'Italie et chez nous. Le résultat :
une pâte à croissant bien française
et les tomates de la célèbre margherita confites
avec les aromates de mon maquis corse.

PIZZETTA TOMATES CONFITES

BRIOCHE FEUILLETÉE

300 g de lait
35 g de levure boulangère fraîche
825 g de farine T45
3 œufs
50 g de sucre semoule
13 g de sel fin
75 g de beurre pommade
450 g de beurre de tourage

Verser tous les ingrédients, sauf les beurres, dans la cuve d'un batteur muni du crochet.
Mélanger en première vitesse pendant 10 minutes.
Passer ensuite le batteur en deuxième vitesse, jusqu'à ce que la pâte se décolle des parois. Incorporer le beurre pommade.
Pétrir jusqu'à l'obtention d'une pâte homogène. La température de la pâte doit être d'environ 24-25 °C.
Recouvrir la cuve d'un torchon humide et laisser pointer à température ambiante pendant 1 heure. Dégazer.
Abaisser la pâte en un rectangle, puis le beurre de tourage sur la pâte.
Réaliser un tour double, puis un tour simple pour obtenir une pâte feuilletée.
Étaler la pâte à 2 mm, puis découper des disques de 14 cm de diamètre à l'aide d'un emporte-pièce.

MONTAGE

250 g de tomates confites mixées
(voir recette p. 281)
1 kg de tomates
10 g d'huile d'olive

Sur les disques de pâte, étaler le confit de tomate sur 2 mm d'épaisseur.
Émonder les tomates.
Mettre les tomates à confire au four, dans un plat avec de l'huile d'olive, à 90 °C pendant 3 heures.
Disposer les tomates confites bien égouttées, en rosace, sur le confit de tomate.
Enfourner pour 3 minutes dans un four préchauffé à 280 °C.

Ici, on revisite le cabri a l'istrettu, *une recette typiquement corse de chevreau de lait cuit à l'étouffée, puis effiloché. Pour en faire un plat de partage et faciliter la dégustation, la viande est façonnée en* pulpette. *Le délicieux parfum qu'elles exhalent, c'est la népita, notre aromate emblématique : elle n'a pas d'équivalent sur le continent.*

E PULPETTE DE CABRI À LA NÉPITA

EFFILOCHÉ DE CABRI A *L'ISTRETTU*

À RÉALISER LA VEILLE

- 700 g de viande de cabri en morceaux
- 3 carottes
- 1 oignon
- 50 g d'ail
- 150 g de concentré de tomate
- 3 l de fond de veau maison (*voir recette p. 281*)
- 150 g de Cap Corse Mattei®
- Huile d'olive

Faire rôtir le cabri dans un sautoir avec de l'huile d'olive, jusqu'à ce qu'il soit bien coloré. Ajouter les légumes émincés et le concentré de tomate. Mouiller avec le fond de veau maison, puis cuire à feu doux, à couvert, pendant 3 heures. Retirer les morceaux de cabri, les effilocher et réserver le tout.
Mixer la sauce au mixeur plongeant, ajouter le Cap Corse®, puis réduire jusqu'à obtenir une texture nappante. Réserver.

PRÉPARATION DES *PULPETTE*

À RÉALISER LA VEILLE

- 700 g d'effiloché de cabri *a l'istrettu*
- 30 g de persil haché
- 2 g de népita

Mélanger l'effiloché de cabri avec le persil haché et la népita. Façonner à la main des boulettes de 30 g et réserver au frais pendant 12 heures.

MONTAGE

Disposer les *pulpette* au fond d'un plat à gratin et enfourner pour 10 minutes dans un four préchauffé à 230 °C. À la fin de la cuisson, verser sur les *pulpette* la sauce bien chaude et servir sans attendre.

J'aime l'idée de la ratatouille pour mettre en valeur nos beaux légumes d'été. C'est un plat emblématique du sud de la France mais, quand il fait 35 °C à l'ombre, on n'a pas forcément envie de manger chaud. C'est ce qui m'a donné envie de créer cette ratatouille froide avec des légumes juste confits, ou crus. À l'apéritif, on la tartine sur du pain grillé : c'est une entrée en matière toute en fraîcheur.

RATATOUILLE FROIDE

CONFIT DE COURGETTE

500 g de courgettes
30 g d'huile d'olive
Sel
Poivre

Mettre au Thermomix® les courgettes avec l'huile d'olive. Cuire jusqu'à 100 °C, puis mixer à pleine puissance. Réserver au frais.

DRESSAGE

400 g de poivrons confits mixés
(*voir recette p. 281*)
400 g de caviar d'aubergine
(*voir recette p. 280*)
400 g de tomates confites mixées
(*voir recette p. 281*)
400 g de confit de courgette

Déposer dans des petits ramequins, l'un après l'autre, les poivrons confits mixés, le caviar d'aubergine, les tomates confites mixées et terminer par le confit de courgette. Servir frais.

Il n'y a pas plus corse que les oursins. En saison, on se retrouve en famille ou entre amis pour les oursinades et on les mange directement sur la plage. Ce tarama d'oursin, venez le goûter un soir, en terrasse, quand le soleil commence à se coucher. Je vous promets que vous allez passer un bon moment… Il est frais, iodé, salé et vraiment addictif !

TARAMA D'OURSIN

10 g de jaune d'œuf
200 g d'huile de pépins de raisin
280 g d'œufs de cabillaud fumés
100 g de langues d'oursin
70 g de pain de mie
50 g de lait

Émulsionner le jaune d'œuf avec l'huile de pépins de raisin.
Ajouter le restant des ingrédients et mixer le tout.
Réserver au frais pendant 12 heures.
Dresser dans un petit ramequin une fois la préparation bien froide.

La tarte aux herbes est un grand classique de Corse que je retravaille ici avec quelques éléments, minutieusement choisis, qui font mon identité : une brioche feuilletée bien parisienne et un vinaigre d'herbes du Maquis ; le tout préparé avec l'oignon de Sisco et les blettes de mon île.

TARTE AUX HERBES

VINAIGRE D'HERBES DU MAQUIS

- 200 ml de vinaigre blanc
- 2 g de népita
- 2 g de thym de Corse (herba-barona)
- 2 g de pousses d'épinards
- 1 g de pousses de blettes
- 1 g de fleurs de romarin

Mixer les ingrédients à pleine puissance pendant 1 minute.
Passer la préparation au chinois étamine.
Le vinaigre d'herbes se conserve 3 jours au réfrigérateur.

BRIOCHE FEUILLETÉE

- 300 g de lait
- 35 g de levure boulangère fraîche
- 825 g de farine T45
- 3 œufs
- 50 g de sucre semoule
- 13 g de sel fin
- 75 g de beurre pommade
- 450 g de beurre de tourage

Verser tous les ingrédients, sauf les beurres, dans la cuve d'un batteur muni du crochet.
Mélanger en première vitesse pendant environ 10 minutes.
Passer ensuite le batteur en deuxième vitesse, jusqu'à ce que la pâte se décolle des parois. Incorporer le beurre pommade.
Pétrir jusqu'à l'obtention d'une pâte homogène. La température de la pâte doit être d'environ 24-25 °C.
Recouvrir la cuve d'un torchon humide et laisser pointer à température ambiante pendant 1 heure. Dégazer.
Abaisser la pâte en un rectangle, puis le beurre de tourage sur la pâte.
Réaliser un tour double, puis un tour simple pour obtenir une pâte feuilletée.
Étaler la pâte à 6 mm, puis découper des disques de 14 cm de diamètre à l'aide d'un emporte-pièce.

GARNITURE

- 250 g d'oignons
- 200 g d'épinards
- 200 g de blettes
- 100 g de mascarpone
- Pousses de blettes
- Pousses d'épinards
- Fleurs comestibles
- Vinaigre d'herbes du Maquis

Émincer les oignons et les cuire à la poêle avec une pointe d'huile d'olive jusqu'à caramélisation. Terminer la cuisson au four, à 140 °C pendant 30 minutes.
Faire revenir les épinards dans l'huile d'olive afin qu'ils rendent toute leur eau.
Faire de même avec les blettes.
Sur les disques de pâte, étaler les oignons confits, puis ajouter la tombée de blettes et d'épinards.
Terminer par des points de mascarpone.
Enfourner pour 3 minutes dans un four préchauffé à 280 °C.
Avant de servir, ajouter quelques pousses de blettes et d'épinards passées au vinaigre.
Décorer de quelques fleurs comestibles.

JE SUIS JEAN-NOËL CORAZZINI

Je m'appelle Jean-Noël et j'ai repris le restaurant familial à dix-huit ans, presque naturellement. C'était celui de ma grand-mère paternelle. J'y ai grandi, entre les parfums de la cuisine et les voix de ceux qui savent nourrir autant que rassembler.

Mais c'est ma seconde grand-mère qui m'a transmis un trésor : la tourte aux herbes d'Altiani, celle qu'on préparait pour la Toussaint, avec soin, avec foi, presque en silence. Une pâte fine, une farce de blettes et des herbes du Maquis. Chaque bouchée est un hommage, un souvenir qui tient chaud.

Aujourd'hui, c'est en tant que traiteur que je fais vivre ces traditions, avec des produits locaux, ceux du jardin, des bergers et des maraîchers voisins, ou issus de la Robba Paisana à Corte. Je suis encore souvent entre les fourneaux et la terre, parce qu'on cuisine mieux quand on connaît l'origine de chaque ingrédient.

J'ai, un temps, élevé des brebis, fait du fromage... mais le temps a fini par choisir pour moi. La pandémie de Covid-19 nous a poussé à nous réinventer, à développer une cuisine plus nomade, plus souple, mais toujours enracinée.

Chaque plat est une manière de dire merci. Aux femmes de ma vie. À ma terre. Et à ceux qui, comme moi, croient qu'une recette, c'est aussi une mémoire qu'on partage.

Cette terrine de sanglier, c'est un peu notre pâté de campagne à nous. On a voulu cette terrine classique dans ses goûts... mais pas dans sa forme. Après cuisson, elle est foisonnée au batteur pour la rendre aérienne. On la sert bien froide, à tartiner sur du pain à la châtaigne à la croûte dorée.

TERRINE DE SANGLIER

---

500 g d'épaule de sanglier
500 g de coppa
1 oignon
2 gousses d'ail
750 g de vin rouge
18 g de sel
5 g de poivre
Thym
Laurier
Persil

Passer au hachoir l'épaule de sanglier, la coppa, l'oignon et l'ail.
Mélanger le tout avec le sel et le poivre, du thym, du laurier et du persil.
Laisser mariner la préparation dans le vin rouge pendant 24 heures au réfrigérateur.
Le lendemain, mélanger la viande et la marinade, puis mettre la préparation en cocotte et enfourner pour 1 heure et 30 minutes, à découvert, dans un four préchauffé à 230 °C.
Laisser refroidir puis réserver au frais pendant 24 heures.
Mettre la terrine dans la cuve d'un batteur muni de la feuille et faire tourner à pleine puissance pendant 1 minute et 30 secondes.
Servir avec une belle tranche de pain.

ENTRÉE

L'aziminu, c'est notre bouillabaisse corse. Traditionnellement, bien sûr, on la sert chaude. Pour cette recette, j'ai eu envie de la goûter autrement : froide. Un jus de poisson glacé, servi avec une rouille tiède en espuma, des poissons nacrés et quelques herbes fraîches... C'est tout ce dont on a envie quand les journées sont brûlantes.

AZIMINU GLACÉ

VINAIGRETTE DE POISSON

4 oignons
4 carottes
6 gousses d'ail
500 g d'arêtes de saint-pierre et de turbot
500 g de rascasse
500 g de carcasses de langoustes de Bonifacio
100 g d'huile d'olive
1 botte de thym de Corse (herba-barona)
1 botte de romarin
1 botte de laurier
1/2 botte de népita

Émincer les oignons, les carottes et l'ail. Dans un grand faitout, faire revenir les légumes émincés avec les herbes et une pointe d'huile d'olive. Ajouter les arêtes de poissons, la rascasse coupée en tronçons, puis les carcasses de langoustes. Mouiller d'eau à hauteur, puis cuire à feu doux pendant 3 heures. Passer la préparation au presse-purée, puis au chinois. Rectifier l'assaisonnement et laisser refroidir.
Passer au torchon avant d'ajouter l'huile d'olive. Réserver au frais.

ESPUMA DE ROUILLE TIÈDE

6 gousses d'ail dégermées
250 g d'huile d'olive
6 jaunes d'œufs
20 g de moutarde
20 g de concentré de tomate
1 g de safran
20 g de crème liquide

Mixer l'ail avec l'huile d'olive, puis passer le mélange au chinois. Dans un bol, mélanger les jaunes d'œufs, la moutarde et le concentré de tomate. Porter le mélange au bain-marie, jusqu'à atteindre 45 °C. Hors du feu, ajouter l'huile d'olive et le safran, comme pour une mayonnaise. Ajouter ensuite la crème et mettre en siphon avec 2 cartouches de gaz. Maintenir le siphon à une température de 50 °C.

AZIMINU

30 pommes de terre grenailles
1 saint-pierre
1 turbot
1 rascasse
1 cédrat
1 citron
Herbes du Maquis
Huile d'olive

Cuire les pommes de terre avec leur peau, dans un départ d'eau froide. Les éplucher à chaud, puis réserver au frais. Cuire sous vide au four vapeur pendant 7 minutes les filets de saint-pierre, de turbot et de rascasse avec le zeste râpé du cédrat, le citron en morceaux, les herbes du Maquis et l'huile d'olive. Refroidir dans une glaçante à la sortie du four.

DRESSAGE

1 botte de tagètes
Huile d'olive
Fleur de sel

Verser la vinaigrette dans le fond de l'assiette. Ajouter 1 morceau de chaque poisson par assiette, ainsi que 5 petites pommes de terre. Disposer par-dessus les pousses de tagètes. Terminer par un peu de fleur de sel et un filet d'huile d'olive. Servir l'espuma de rouille tiède, à part, dans un petit contenant.

La bonite se plaît dans les eaux chaudes de mon île. L'été, on la pêche donc facilement près des côtes du cap Corse. Cousine du thon, elle a la même chair ferme et très savoureuse. J'aime la proposer ainsi, simplement passée à la flamme, tranchée finement et déposée dans une vinaigrette au cédrat avec des herbes du Maquis.

BONITE À LA FLAMME

- 1 filet de bonite de 400 g
- 200 g d'huile d'olive
- 5 citrons
- 1 botte de romarin
- 1 botte de thym de Corse (herba-barona)
- 10 g de sel aux baies de myrte

Cuire la bonite à la flamme d'un chalumeau, environ 5 minutes par côté.
Mixer l'huile d'olive avec le zeste des citrons et leur jus, le romarin et le thym effeuillés. Passer au chinois et réserver à température ambiante.
Découper la bonite en fines tranches.
Dresser dans des assiettes et verser 2 mm de vinaigrette autour de la bonite.
Parsemer de sel aux baies de myrte.

JE SUIS DUMÉ STRINNA

Je m'appelle Dumé, je suis pêcheur à Centuri comme mon père, mon grand-père et ceux d'avant encore. Chez nous, on naît presque sur le bateau. J'ai commencé à sortir en mer tout petit, aux côtés de mon père, et je n'ai jamais vraiment quitté la ligne d'horizon. À 19 ans, j'étais déjà patron pêcheur.

Je me consacre à une pêche que je veux sélective, durable, de saison. Le thon rouge, l'espadon, les dentis, la langouste de Centuri, les araignées... et bien sûr, la bonite.

Ici, la mer est généreuse, mais elle demande qu'on la respecte en retour. C'est pourquoi tout ce que nous proposons dans notre restaurant vient de notre propre pêche, tirée directement du filet au plat. On sait d'où ça vient. On sait comment c'est pêché.

Je ne suis pas du genre à faire de longs discours. Mon métier, je le vis au quotidien. C'est une histoire de transmission, de gestes répétés, d'amour de la mer et de ce qu'elle nous donne — quand on sait attendre.

Dans cette recette, on met en valeur l'artichaut, un produit emblématique de la région méditerranéenne et qui pousse très bien sur mon île. Une fois tourné, cuit et refroidi, on le taille très finement et on le dispose en rosace. Pour ne rien perdre de la saveur délicate de l'artichaut, les chutes sont transformées en un caviar, déposé dans le fond de l'assiette.

CARPACCIO D'ARTICHAUT

8 artichauts violets
50 g de crème liquide
20 g d'olives vertes
20 g d'olives noires
20 g de câpres hachées
20 g de cédrats confits au sel (*voir recette p. 280*)
20 g de vinaigre d'herbes du Maquis (*voir recette p. 47*)
20 g de jus de cédrat centrifugé
5 g de thym de Corse haché (herba-barona)
5 g de romarin haché
5 g de népita hachée
Huile d'olive
Fleur de sel
Poivre du moulin

Tourner les artichauts, puis les cuire à l'anglaise.
À froid, les couper très finement à l'aide d'une mandoline, pour réaliser des tranches d'environ 2 mm d'épaisseur.
Détailler des disques d'artichaut à l'aide d'un emporte-pièce de 6 cm de diamètre.
Mixer les chutes avec de la crème. Compter 50 g de crème pour 250 g d'artichaut.
Assaisonner avec la fleur de sel.
Disposer la crème d'artichaut dans le fond de l'assiette.
Recouvrir ensuite la crème avec les disques d'artichaut rangés en rosace.
Terminer par l'assaisonnement, en déposant les garnitures, les unes après les autres, sur la rosace d'artichaut.

L'association courgette-népita est un grand classique en Corse. Entre la fraîcheur piquante de notre marjolaine sauvage emblématique et la douceur de la courgette, ça marche à tous les coups. Je ne vous cache pas que ce carpaccio demande beaucoup de patience, mais quel délice pour entamer un repas d'été !

CARPACCIO DE COURGETTE

VINAIGRETTE

200 g de jus de cédrat centrifugé
50 g de cédrats confits au sel (*voir recette p. 280*)
40 g d'olives vertes
10 g de jus de fenouil
10 g de zeste de cédrat
50 g d'huile d'olive
50 g de câpres
20 g de népita
5 g de menthe
25 g de ciboulette

Dans un contenant, mélanger tous les ingrédients.

DRESSAGE

10 mini courgettes

Couper les courgettes en fines rondelles à la mandoline japonaise et disposer les tranches en carpaccio dans les assiettes.
Au moment de servir, assaisonner le carpaccio avec la vinaigrette.

NOUS SOMMES DORIAN RAFFALDI ET ZELDA ROBIN

Je m'appelle Dorian, je suis né à Olmi-Cappella. J'ai toujours su que je reviendrais ici. C'est après quelques années à Paris, dans la restauration, et un confinement qui a tout remis en question, que l'évidence s'est imposée : retourner à la terre et redonner vie aux jardins du village.

Avec ma compagne Zelda, on a créé L'Orti Muntagnoli, « Les jardins de la montagne ». Sur des terrasses communales, en plein cœur du village, on cultive des fruits et légumes de saison, arrosés à l'eau de source. Ici, pas de produit chimique. On travaille en bio, selon les principes du maraîchage sur sol vivant, avec du fumier d'éleveurs locaux, des purins et des huiles essentielles faits maison. C'est un choix de cohérence, pour nous, pour notre enfant, pour ce paysage qu'on aime.

Je cultive notamment trois variétés de courgettes : la blanche, la jaune et la verte, dite « corse » — en réalité une verte d'Alger aux zébrures marquées. On vend en circuit court, à la sortie du terrain, et à quelques restaurants de la région.

Ces jardins, c'est une création. Un projet né de presque rien, soutenu par la commune et qui redonne vie à des terres en friche. Je n'ai pas repris une exploitation. Je l'ai inventée, avec mes mains, mon dos et l'envie de faire les choses bien, ici, chez moi.

À Solenzara, on pêche facilement le poulpe près des côtes, mais encore faut-il savoir le cuisiner : maltraité, il devient vite élastique. Ici, il est cuit longuement dans son propre bouillon, puis tranché finement. L'assaisonnement se fait tout simplement avec le jus de cuisson, légèrement perlé à l'huile d'olive.

CARPACCIO DE POULPE

POULPE

1 poulpe de 500 g

Laver le poulpe, retirer la tête, puis couper les tentacules en 4.
Cuire la tête et les tentacules du poulpe dans 5 sacs sous vide au thermoplongeur, à 61 °C pendant 3 heures.
Réserver au frais et conserver le jus de cuisson.

VINAIGRETTE

200 g de jus de poulpe cuit sous vide
60 g de jus de citron
100 g d'huile d'olive
Fleur de sel

Laisser décanter le jus de poulpe, puis récupérer le jus clair qui se détache sur le dessus.
Ajouter à ce dernier le jus de citron, la fleur de sel et l'huile d'olive.
Mixer.

DRESSAGE

Couper très finement les tentacules du poulpe et disposer les tranches en carpaccio sur les assiettes.
Au moment de servir, assaisonner le carpaccio avec la vinaigrette.

Ce crudo est l'un des plats emblématiques du restaurant. Une entrée vive et parfumée, idéale pour l'été. Chez nous, en Corse, quand il fait 40 °C, on ne veut plus de soupe... sauf si elle est glacée et qu'elle sent le Maquis ! Le poisson est assaisonné avec des cédrats confits au sel et accompagné d'une sauce lisse et fraîche, parfumée au basilic. C'est un plat d'été, iodé, acidulé et végétal... comme une rafale d'air frais en plein soleil.

CRUDO DE DAURADE, CÉDRAT, BASILIC

SAUCE ET GRANITÉ

À RÉALISER LA VEILLE

450 g de jus de cédrat
4 bottes de basilic
10 g d'huile d'olive

Mixer la moitié du basilic avec l'huile d'olive et 150 g de jus de cédrat, jusqu'à l'obtention d'une texture bien lisse. Réserver la sauce au frais.
Mixer au blender le reste du basilic avec les 300 g restants de jus de cédrat. Réserver la préparation au congélateur pendant 24 heures.
Le lendemain, la passer au Pacojet®, puis réserver le granité obtenu au congélateur.

CRUDO DE DAURADE

2 daurades royales

Lever, désarêter et retirer la peau des filets de daurade. Réserver au frais.

DRESSAGE

3 g de cédrats confits au sel
(*voir recette p. 280*)

Trancher les filets de daurade en fines lamelles et les disposer en rosace, sur tout le tour de l'assiette.
Verser la sauce au centre, puis ajouter les cédrats au sel sur la daurade crue.
Terminer en déposant une grosse cuillère de granité, à cheval sur le poisson et sur la sauce.
Le sel du plat est apporté par les cédrats au sel.

Cette assiette est aussi simple et délicieuse qu'une baignade au cap Corse : un filet de sériole dans son plus simple appareil... et une louche d'eau de mer, comme si on buvait la tasse. Le tout dans une assiette de ce bleu qui me manque tant quand je suis à Paris.

CRUDO DE MÉDITERRANÉE

1 filet de sériole de 400 g
20 huîtres
1 citron

Lever, désarêter et retirer la peau du filet de sériole. Réserver au frais.
Prélever le jus des huîtres et le passer au torchon.
Juste avant de servir, mixer le jus des huîtres avec une pointe de jus de citron jusqu'à obtenir de l'écume.
Trancher le filet de sériole en grosses tranches d'environ 7 mm d'épaisseur et les disposer au centre de l'assiette.
Déposer ensuite l'écume de jus d'huîtres sur les tranches de sériole.
Servir sans attendre.

N'en déplaise aux amis piémontais, c'est du côté de Cervione – à cinquante kilomètres au sud de Bastia – que poussent les meilleures noisettes du monde. Au restaurant, j'utilise cette noisette d'exception pour assaisonner un crudo. Je livre ici une version de la recette mais, pour la vraie... il faudra venir à ma table : à la fin du repas, je la glisse aux amis.

CRUDO AUX NOISETTES DE CERVIONE

2 filets de sériole de 400 g chacun
250 g de noisettes de Cervione
250 g de jus de citron
500 g d'huile d'olive
50 g de sauce soja salée
Pousses de tagètes

Lever, désarêter et retirer la peau des filets de sériole.
Réserver les filets au frais.
Tailler chaque filet en 3 dans l'épaisseur.
Déposer les tranches de filets entre 2 feuilles de papier cuisson et les tapoter avec le plat d'une casserole pour les aplatir.
Dresser les filets de sériole les uns à côté des autres sur un plat de service.
Mixer les noisettes avec le jus de citron, l'huile d'olive et la sauce soja salée.
Assaisonner la sériole avec la sauce et terminer avec quelques pousses de tagètes.
Servir sans attendre.

JE SUIS
PETRU SANTU GUELFUCCI

Di passione è di libertà.

Dipoi une trentina d'anni sò agricultore, i mo parenti m'anu datu a passione di a mo terra è di a so cultura à u sensu largu. Babbu apicultore à canterinu, Mamma militente culturale originaria di Cervioni (u paese di a Nuciola), mi sò naturalmente giratu versu a cultura di stu magnificu fruttu.

A brama di campà à l'aria pura, liberu di e mo scelte anu fattu di mè u paisanu ch'o sò.

Je suis paysan depuis plus de trente ans, guidé par l'amour d'une terre transmise par mes parents. Mon père, apiculteur et chanteur, m'a appris la patience et l'écoute du vivant. Ma mère, militante culturelle née à Cervioni — le village de la noisette — m'a légué le goût des racines, des mots et du fruit.

Alors, naturellement, je me suis tourné vers la noisette, ce petit trésor corsé, délicat et capricieux, qui demande du soin, du silence, du temps.

Ce que je cherche, c'est une vie à l'air libre, ancrée, choisie. Être agriculteur ici, c'est suivre un rythme ancien, entre ciel, vent et terre, et ne jamais cesser de dialoguer avec ce qui nous dépasse.

QUECHUA

La sériole est un poisson emblématique du cap Corse. Sa chair est ferme et sa saveur est délicate. Elle est idéale pour les préparations crues et n'a besoin de presque rien : un peu d'huile d'olive et le zeste de nos agrumes de Corse. Il paraît qu'ils sont les meilleurs du monde – ce n'est pas moi qui le dis… c'est Google !

CRUDO DE SÉRIOLE AUX AGRUMES

---

1 filet de sériole de 400 g
200 g de jus de cédrat
200 g d'huile d'olive
20 g de zeste de cédrat
20 g de zeste de clémentine
20 g de zeste d'orange
20 g de zeste de pomélo
20 g de zeste de citron vert
20 g de zeste de citron jaune
20 g de zeste de bergamote
20 g de zeste de kumquat
Fleur de sel

Trancher très finement le filet de sériole.
Mélanger le jus de cédrat avec l'huile d'olive et les zestes râpés des différents agrumes.
Dresser les tranches de sériole à plat, les unes à côté des autres dans un plat de service, et recouvrir avec la sauce.
Servir sans attendre avec une pincée de fleur de sel.

L'idée de ce plat : servir un beau loup de Méditerranée, juste nacré, effiloché, légèrement assaisonné et frais. Si la cuisson est juste, les chairs se séparent toutes seules. C'est aussi ça, la cuisine corse : des beaux produits de l'île à peine travaillés.

EFFILOCHÉ DE LOUP AUX HERBES

---

2 filets de loup
20 g d'huile d'olive
25 g de jus de cédrat
20 g de cédrats confits au sel
(*voir recette p. 280*)
5 g de zeste de cédrat
5 g de peau de citron crue hachée
Sel
Poivre
Pousses et fleurs de tagètes

Déposer les filets de loup sur une plaque de cuisson.
Enfourner pour 3 minutes dans un four préchauffé à 200 °C.
Effilocher le loup en gros morceaux, puis réserver au frais.
Dans un bol, mélanger l'huile d'olive avec le jus de cédrat, les dés de cédrats au sel, les zestes de cédrat et la peau de citron hachée. Assaisonner.
Mélanger la préparation aux agrumes à l'effiloché de loup, puis dresser le tout dans les assiettes à l'aide d'un emporte-pièce rond.
Recouvrir de pousses et de fleurs de tagètes.

Ici, pas d'Armagnac ! On assaisonne le foie gras au Cap Corse Mattei®, notre légendaire apéritif. Il apporte des notes d'écorces d'agrumes et de quinquina à des foies exceptionnels de canard nourris aux châtaignes corses.

FOIE GRAS

1 kg de lobes de foie gras corse
50 g de Cap Corse Mattei®
Sel
Poivre

Déveiner le foie gras à l'aide d'une cuillère.
Dans un contenant hermétique, déposer le foie gras cru déveiné, puis ajouter le Cap Corse®, le sel et le poivre.
Laisser le foie gras mariner au frais pendant 24 heures.
Mouler les lobes de foie gras dans des moules à terrine.
Enfourner pour 1 heure, au bain-marie, dans un four pré-chauffé à 150 °C.
À la fin de la cuisson, dégraisser et presser le foie gras.
Réserver au frais pendant 24 heures.
Servir assaisonné de fleur de sel et de poivre du moulin.

JE SUIS NICOLAS VENTURINI

Je m'appelle Nicolas et, depuis plus de treize ans, je veille sur les alambics et les arômes de la distillerie L.N. Mattei. En tant que directeur technique, je suis à la fois artisan, explorateur et passeur : je crée, je veille, je transmets. Mon métier, c'est un mélange subtil de mémoire et d'instinct.

Créer un spiritueux, c'est comme composer un plat : on part d'ingrédients bruts, on cherche la note juste, l'équilibre entre amertume, douceur, profondeur. On goûte, on ajuste, on recommence. Rien n'est figé. C'est une spirale, pas un cycle — chaque essai nous apprend quelque chose, chaque macération raconte une autre facette de l'île.

Parmi toutes nos créations, il y en a une qui concentre tout ce que j'aime : le Cap Corse Mattei®. Un apéritif corse emblématique, né à Bastia en 1872. Il allie la force du quinquina, l'amertume maîtrisée, les agrumes corses et les épices venues d'ailleurs. Sa robe carmin, ses notes toniques et florales en font un compagnon unique pour l'apéritif, en cocktail ou sur glace, avec une rondelle de pamplemousse.

Le Cap Corse®, c'est une histoire de goût, mais aussi de territoire. Un lien ancien entre la mer et les hauteurs, entre le monde et l'île. Et c'est un honneur, chaque jour, d'en être le gardien et l'alchimiste.

Des produits dans toute la beauté de leur nature... Sans les inconvénients de les déguster en pleine nature : les oursins sont soigneusement ouverts et leurs langues prélevées une à une, les agrumes sont taillés en suprêmes. Il n'y a qu'à savourer.

OURSINS AUX AGRUMES

10 oursins
3 citrons
3 oranges
3 pomélos
20 g d'huile d'olive
20 g de jus de citron

Prélever les suprêmes de tous les agrumes.
Dans un plat de service, disposer les suprêmes et les langues d'oursins en mosaïque.
Assaisonner avec l'huile d'olive et de jus de citron, puis lisser avant de servir.

NOUS SOMMES MAXIME ET BENJAMIN BIANCHINI

Je m'appelle Maxime et, depuis plus de trente ans, je navigue entre Roccapina et Porto-Vecchio. Mon métier, c'est la pêche, mais pas n'importe laquelle : une pêche fine, sélective, à la palangre, qui respecte la mer autant qu'elle nourrit les hommes.

Le denti, poisson emblématique de notre côte, demande de la précision, du calme et une vraie connaissance du fond marin. Ce n'est pas une pêche rapide, ni facile. Elle coûte, elle dépend du vent, des courants, du capricieux détroit de Bonifacio. Mais elle garantit une qualité incomparable. Et quand les chefs nous disent que notre poisson est unique, on se dit que tout ce travail en valait la peine.

Depuis 2018, mon fils Benjamin m'a rejoint à bord. Il a appris le métier à mes côtés, ligne après ligne, poisson après poisson. Ensemble, nous pêchons des produits nobles — dentis, pagres, chapons, mérous en prises accessoires — avec une exigence de fraîcheur et de respect du vivant. Une pêche soigneuse, destinée aux restaurateurs, mais que Benjamin souhaite désormais ouvrir aux particuliers, avec son propre bateau fraîchement acquis.

Et puis, il y a l'oursin, l'autre trésor d'hiver. Sauf qu'aujourd'hui, la saison se raccourcit d'année en année. Les autorisations se réduisent, la ressource est fragile. On doit s'adapter, observer, respecter. La mer donne, mais elle prévient aussi. Il faut l'écouter.

Alors je continue, entre patience et passion. Parce qu'un oursin bien ouvert au lever du jour, ou un denti tiré des profondeurs, ça reste pour moi l'expression la plus pure de ce que peut offrir la Méditerranée : le vrai, le simple, l'extraordinaire.

Dans les eaux corses, on pêche le rouget de vase et aussi le rouget de roche, le plus fin de la famille des rougets. On le farcit avec des tomates confites et du pomélo et on le cuit entier pour que la chair s'imprègne de sa garniture.

ROUGET FARCI

4 gros rougets
200 g de tomates multicolores confites et mixées
(*voir recette p. 281*)
30 g d'acide de pomélos
(*voir recette p. 282*)
Fleur de sel

Ouvrir les rougets en portefeuille.
Préparer la farce en mélangeant 100 g de tomates confites mixées et l'acide de pomélos.
Garnir l'intérieur des rougets avec cette farce, puis enfourner pour 4 minutes dans un four préchauffé à 180 °C. Laisser refroidir.
Recouvrir les rougets avec les 100 g de confit de tomates multicolores restants, puis les enfourner de nouveau pour 4 minutes à 160 °C.
Assaisonner avec un peu de fleur de sel avant de servir.

L'araignée de mer, c'est magique mais ça n'est pas toujours facile à manger, ni sur un bateau en Corse, ni sur un plateau de fruits de mer. Ici, on facilite les choses. La chair est cuite, simplement assaisonnée avec quelques agrumes et servie dans la carapace. Il n'y a qu'à partager avec quelques amis.

SALADE D'ARAIGNÉE DE MER

1 araignée de mer de 600 g
1 pomélo
1 cédrat
2 citrons verts
40 g d'huile d'olive
Fleur de sel

Cuire l'araignée 20 minutes dans de l'eau salée, puis la débarrasser dans de l'eau froide avec des glaçons.
Récupérer la chair de l'araignée en prenant soin de conserver sa carapace.
Mélanger la chair avec le jus des agrumes ainsi que leur zeste.
Assaisonner avec l'huile d'olive et la fleur de sel, puis disposer la préparation dans la carapace de l'araignée.

NOUS SOMMES EMMANUEL ET ALEXANDRE LUCCHINI

Je m'appelle Emmanuel et, avec mon frère Alexandre, je prends la mer chaque matin. C'est notre vie, notre horizon, notre silence. Nous avons appris ce métier avec notre père, pas en suivant des manuels, mais en observant ses gestes, en écoutant son souffle, en partageant ses levers de soleil. Il nous a transmis une pêche artisanale, précise, respectueuse. Celle qui demande du temps, de l'attention et un lien profond avec la mer.

Nous sommes aujourd'hui les seuls en Corse à pratiquer la pêche au pot pour le poulpe — un savoir ancien venu de notre très chère Méditerranée. C'est une technique discrète, presque invisible, où le poulpe choisit de se glisser dans un pot de terre cuite posé sur les fonds. Aucun stress, aucun piège. Juste de la patience.

L'araignée de mer, on la relève dans des nasses à langouste. C'est une pêche « inattendue », souvent incomprise. Sa chair fine demande du temps à préparer, mais les grands chefs, eux, ne s'y trompent pas : ils en font des merveilles.

Chaque sortie est une manière de rester connectés à ce que nous sommes : des pêcheurs de la côte orientale, héritiers d'un savoir modeste mais précieux. Entre la roche et l'écume, entre père et frères, entre silence et transmission.

BORN.TO
KILL

La culture du pois chiche en Corse remonte à l'Antiquité. Il avait une place importante dans l'alimentation de mon île et était notamment consommé lors des repas funéraires, ce qui montre à quel point il était ancré dans les traditions et la culture corses depuis des siècles. La salade de pois chiches est emblématique à Bastia.

SALADE DE POIS CHICHES

À DÉMARRER LA VEILLE

100 g de pois chiches
2 cédrats
20 g d'huile d'olive
1 gousse d'ail
200 g de tomates confites mixées
(voir recette p. 281)
1 pincée de persil haché
5 g de thym de Corse haché (herba-barona)
5 g de romarin haché
4 g de népita hachée
Laurier
Sel aux baies de myrte

Immerger les pois chiches dans un grand volume d'eau froide et les laisser s'hydrater toute une nuit.
Le lendemain, égoutter les pois chiches et les verser dans une grande casserole.
Ajouter 2 litres d'eau froide et quelques feuilles de laurier, puis cuire à feu moyen pendant 2 heures.
Égoutter les pois chiches (en conservant le jus de cuisson), puis les diviser en deux quantités égales.
Mixer en purée la moitié des pois chiches, puis ajouter un peu de jus de cuisson, le zeste des deux cédrats, et la moitié de l'huile d'olive.
Ajouter l'ail préalablement écrasé au mortier.
Mélanger les pois chiches entiers avec les tomates confites mixées, le jus des deux cédrats, les herbes hachées et l'huile d'olive.
Disposer la purée de pois chiches dans le fond des assiettes, puis ajouter par-dessus la salade de pois chiches. Laquer avec un peu d'huile d'olive et assaisonner avec le sel aux baies de myrte.

Sur le continent, on fait généralement le soufflé avec du comté. Ici, il est à la tomme de chez nous, au lait de brebis. Alors, forcément, ça souffle autrement !

SOUFFLÉ À LA TOMME

---

100 g de lait
300 g de crème liquide
4 œufs
30 g de fécule de pomme de terre
300 g de tomme de brebis râpée
14 blancs d'œufs
10 g de beurre

Dans une casserole, chauffer le lait avec la crème.
Mélanger les œufs et la fécule dans un grand bol.
Ajouter ensuite le mélange chaud de lait et de crème, puis le fromage râpé.
Mixer longuement.
Monter les blancs d'œufs en neige, puis les incorporer à la première préparation.
Verser l'appareil à soufflé dans des petits ramequins beurrés.
Enfourner pour 10 minutes dans un four préchauffé à 180 °C.

L'emblématique tartare de bœuf des terrasses parisiennes... reproduit avec du poulpe pêché à Solenzara. Le poulpe est taillé au couteau comme dans tout bon tartare et les condiments fleurent bon la Corse.

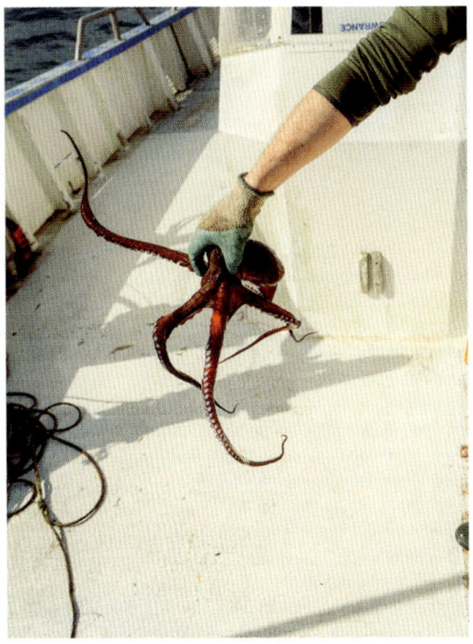

TARTARE DE POULPE

SAUCE TARTARE

2 jaunes d'œufs
25 g de moutarde
15 g d'huile d'olive
75 g de tomates confites mixées
(*voir recette p. 281*)
5 g de sel fin

Mélanger les jaunes d'œufs avec la moutarde, puis monter la préparation à l'huile d'olive.
Ajouter les tomates confites mixées et le sel.
Réserver.

TARTARE

1 poulpe de 500 g
1 échalote émincée
50 g de câpres hachées
50 g d'olives vertes hachées
50 g de persil plat haché
50 g de sauce tartare
20 g de cédrats confits au sel haché
(*voir recette p. 280*)
2 g d'ail haché
1 citron
Thym
Romarin
Népita
Huile d'olive
Fleur de sel

Cuire le poulpe entier dans un grand volume d'eau avec du thym, du romarin et de la népita pendant environ 2 heures.
L'égoutter, le laisser refroidir, retirer la tête, puis le hacher en tartare.
Ajouter les herbes et les condiments.
Assaisonner avec le zeste et le jus du citron, l'huile d'olive et la fleur de sel.
Mélanger le tartare avec la sauce et dresser dans un cercle de 10 cm de diamètre.

Artichauts, courgettes, tomates… Tous les légumes verts offerts par notre climat méditerranéen sont dans ce tartare. Pour compléter le monochrome, on ajoute des olives vertes et beaucoup d'aromates du Maquis.

TARTARE VÉGÉTAL

200 g de fonds d'artichauts cuits au naturel
200 g de fenouil
200 g de courgette
200 g de tomate verte
50 g de poivron vert confit (*voir recette p. 281*)
30 g d'olives vertes
50 g de cédrat cru
20 g de jus de cédrat centrifugé
10 g de jus de fenouil
10 g de zeste de cédrat
20 g de zeste de pomélo
50 g d'huile d'olive
20 g de népita
20 g d'herbes du Maquis

Couper en brunoise les fonds d'artichauts, le fenouil, la courgette, la tomate verte, le poivron vert confit, les olives vertes et le cédrat cru.
Assaisonner avec les jus de fenouil et de cédrat, les zestes d'agrumes râpés, l'huile d'olive et les herbes.
Dresser le tartare dans les assiettes, à l'aide d'un cercle de 12 cm de diamètre.

Le figatellu, c'est avant tout une histoire d'odeur. Une odeur qui vous attrape. Traditionnellement, on le fait griller au feu de bois… Je vous laisse imaginer le parfum ! J'ai voulu en faire une terrine légère, avec des girolles, des noisettes – et toujours servie chaude, comme on grille un figatellu frais. Et quand on la sort du four, les voisins ferment les fenêtres… ou se mettent à table.

TERRINE DE FIGATELLU

20 g de pain
25 g d'eau
40 g de foie de cabri
25 g de girolles
500 g de figatellu
65 g de gorge de porc
4 g d'ail
6 g d'oignon
30 g de pistaches décortiquées

Faire tremper le pain dans l'eau pendant 30 minutes puis bien l'essorer.
Passer tous les éléments au hachoir, sauf les pistaches.
Incorporer ensuite les pistaches et bien mélanger le tout.
Verser la préparation en cocotte et enfourner, sans le couvercle, pour 1 heure et 30 minutes dans un four préchauffé à 230 °C, jusqu'à ce que le dessus de la terrine soit bien gratiné.
Servir bien chaud, sans attendre.

JE SUIS SIMON AGOSTINI

Je pourrais vous parler des multiples facteurs et paramètres à prendre en compte lorsque l'on réalise un produit aussi emblématique que le figatellu : le choix du cochon, le tri minutieux des morceaux, l'équilibre subtil dans l'ajout du foie et des abats, le fumage suffisant mais respectant le produit et une dégustation au bon moment, 4 ou 5 jours après sa réalisation, ou bien après 2 mois de séchage.

Mais toutes ces choses, si elles sont importantes, ne sauraient en rendre grâce au *figatellu*. D'abord, car il existe autant de recettes qu'il en a été transmises et que je ne suis pas en mesure d'établir une quelconque vérité sur son élaboration. Ensuite (et surtout !), parce qu' honorer le *figatellu*, c'est transmettre ce qu'il représente culturellement pour la population de l'île : des moments au coin du feu à le sentir griller et embaumer l'air, la joie de se retrouver en famille ou entre amis, de discuter, d'être ensemble avant de déguster une traditionnelle *pulenda*. Il est une représentation de nous, notre histoire, notre culture, un instant attendu, une chaleur au cœur de l'hiver, saison à laquelle il convient de le partager.

Quand on met cette recette à la carte, ça commence à sentir l'été. On la fait avec les derniers broccius de la saison. Il ne faut pas rater le coche pour ce beau mariage tout en légèreté et en fraîcheur.

TOMATE CONFITE BROCCIU

TAPENADE GIVRÉE

À RÉALISER LA VEILLE

100 g d'olives
20 g de lait

Mixer les olives avec le lait, puis réserver le mélange au réfrigérateur pendant 24 heures. Le lendemain, mixer de nouveau, puis réserver au congélateur pendant 24 heures. Passer au Pacojet® à la minute.

GRANITÉ DE BROCCIU

À RÉALISER LA VEILLE

250 g de brocciu
100 g de lait

Mixer le brocciu avec le lait, puis étaler le mélange sur une plaque. Réserver la préparation au congélateur pendant 24 heures.
Pulvériser le brocciu congelé au blender jusqu'à l'obtention d'une texture de neige.
Réserver au congélateur.

SIPHON DE TOMATE

500 g de tomates
100 g de pain
10 g d'ail
60 g d'huile d'olive
2 feuilles de gélatine de poisson
Sel

Mixer au blender les tomates avec le pain, l'ail, l'huile d'olive et le sel.
Passer la préparation au tamis.
Chauffer 1/4 de la préparation et incorporer les feuilles de gélatine pour les dissoudre.
Mélanger le tout au reste du coulis de tomate.
Réserver au frais dans un siphon.

DRESSAGE

400 g de tomates confites mixées
(*voir recette p. 281*)
20 g de croûtons
4 tomates

Dans un bol, disposer le confit de tomate.
Ajouter la tapenade givrée, les croûtons et les tomates crues en brunoise. Terminer avec le siphon de tomate et le granité de brocciu.

Une tourte, c'est un peu de travail et de précision mais quel effet sur la table ! Celle-ci contient tous les parfums de mon île. Le sanglier, le Cap Corse Mattei®, la népita... Une virée en plein Maquis.

TOURTE DE SANGLIER

2 disques de pâte feuilletée (14 et 16 cm de diamètre)
300 g d'épaule de sanglier
125 g de poitrine de porc
125 g de gorge de porc
35 g de Whisky Corse P&M® Single Malt
12 g de vin blanc
15 g de Cap Corse Mattei®
6 g de sel
5 g de népita
1 jaune d'œuf

À DÉMARRER LA VEILLE

Tailler les viandes en morceaux et les mettre à mariner pendant 24 heures dans le mélange des trois alcools, avec le sel et la népita.
Le lendemain, égoutter les viandes pour retirer l'excès d'alcool.
Les presser ensuite dans un emporte-pièce en forme de Corse, de 12 cm de longueur.
Déposer la farce sur une pâte feuilletée, découpée à l'aide d'un cercle en inox en forme de Corse, d'environ 14 cm de longueur.
Recouvrir d'un morceau de pâte feuilletée, en forme de Corse lui aussi, d'environ 16 cm de longueur et souder les bords de la tourte avec un peu d'eau.
Avec l'excédent de pâte, sculpter le relief des montagnes corses, puis dorer le tout avec le jaune d'œuf.
Enfourner pour 30 minutes dans un four préchauffé à 210 °C.

JE SUIS
PAUL-ANTOINE SUZZONI

Je suis Paul-Antoine Suzzoni. Au pied des collines de Lumio, entre la mer et le granit chauffé par le soleil, je fais vivre le Clos Culombu, ce domaine familial fondé en 1973 par mon grand-père Antoine et son fils Paul. Ils avaient une vision claire : redonner à la Balagne viticole toute sa place, en célébrant nos cépages insulaires, notre mémoire, notre identité.

C'est mon père Étienne qui a donné au domaine son élan vital. Il y a insufflé la polyculture, l'élevage, la biodiversité... Une approche sensible et globale, pensée comme un écosystème vivant, équilibré et résilient.

Avec mon frère Florian, nous poursuivons aujourd'hui ce chemin, avec humilité et exigence. Nous avons repris les 22 cépages du domaine — certains rares, presque oubliés — et nous tentons, année après année, de capter toute la complexité de leur expression.

Travailler en agriculture biologique et en biodynamie n'est pas un choix marketing : c'est une conviction profonde. Ici, la vigne pousse en dialogue constant avec le sol, le ciel et tout ce qui vibre autour.

Chaque grappe porte le souffle du Maquis, la caresse des embruns, le souvenir des anciens. Chaque vin raconte un fragment de cette terre lumineuse qui m'a vu grandir — et que je m'efforce, à mon tour, d'honorer.

PLAT

Chez nous, l'agneau se mange traditionnellement à Pâques, comme le dit le proverbe « Agnellu pasquale, caprettu in natale » *(« l'agneau à Pâques, le cabri à Noël »). Cet agneau est servi comme un beau tournedos, recouvert d'une croûte d'herbes du Maquis. À la cuisson, la croûte imprègne la viande et lui donne un parfum et un mœlleux incomparables.*

AGNEAU EN CROÛTE D'HERBES

AGNEAU EN CROÛTE D'HERBES

4 filets d'agneau de 200 g chacun
1 kg de beurre pommade
150 g de chapelure
1 tête d'ail
2 bottes de persil
1 botte de népita
1 botte de thym
Huile d'olive
Fleur de sel

Mixer au Robot-Coupe® le beurre pommade, la chapelure, l'ail et les herbes ciselées. Réserver au réfrigérateur. Poêler le filet d'agneau avec une cuillère à soupe d'huile d'olive, de sorte qu'il soit juste marqué. Réserver au frais. Étaler la croûte d'herbes entre 2 feuilles de papier cuisson, à environ 2 mm d'épaisseur. Puis, la détailler grossièrement à la taille des filets d'agneau. Déposer les filets sur leur morceau de croûte, puis enfourner pour 7 minutes dans un four préchauffé à 180 °C. À la sortie du four, détailler chaque filet en 4 sur une planche à découper, dans le sens de la longueur. Assaisonner de fleur de sel.

TOPINAMBOURS CONFITS

20 topinambours
100 g d'huile d'olive
Fleur de sel
Poivre

Éplucher les topinambours, puis les blanchir dans un départ d'eau froide. Les rouler ensuite sans attendre dans l'huile d'olive, sans les refroidir. Assaisonner de fleur de sel et de poivre. Enfourner pour 2 heures dans un four préchauffé à 160 °C.

DRESSAGE

Dresser dans chaque assiette 4 morceaux de filets d'agneau, les uns à côté des autres. Servir les topinambours confits en satellite, dans une cassolette.

En le regardant rapidement, on pourrait croire à un gigot d'agneau classique... Mais la viande a été ici minutieusement effilochée, bien assaisonnée et liée d'une belle sauce, avant d'être reconstituée autour de l'os, comme un trompe-l'œil. Quand on découpe ce gigot, la sauce coule, la viande déjà parfumée se révèle et tout le travail apparaît dans une bouchée d'une tendreté inédite.

AGNEAU EFFILOCHÉ

SAUCE AGNEAU

À RÉALISER LA VEILLE

- 2 kg d'os d'agneau
- 1/2 oignon
- 1/2 carotte
- 1 gousse d'ail
- 1 tomate
- 500 g d'os et parures d'agneau
- Branches de thym de Corse (herba-barona)
- Branches de romarin
- 1 feuille de laurier
- Huile d'olive

Faire rôtir les os d'agneau avec une pointe d'huile d'olive, jusqu'à ce que la viande commence à caraméliser, dans un four préchauffé à 220 °C.
Déglacer avec de l'eau à hauteur. Faire réduire de moitié, pendant 1 heure environ, pour réaliser un fond d'agneau. Émincer l'oignon, la carotte, la gousse d'ail, et la tomate. Faire revenir les légumes émincés avec les aromates et les 500 g d'os et de parures d'agneau dans un grand faitout. Déglacer avec le fond d'agneau réalisé précédemment, puis laisser cuire le tout pendant 4 heures, à feu doux. Écumer continuellement pour retirer les impuretés. Réserver.

AGNEAU

À RÉALISER LA VEILLE

- 500 g de souris d'agneau
- 1 gousse d'ail
- Huile d'olive

Saisir la viande à l'huile d'olive pour la marquer. Mixer l'ail avec l'huile d'olive et badigeonner la souris d'agneau avec le mélange.
Dans une plaque alu bien fermée, ou une cocotte, cuire la souris d'agneau pendant 1 heure à 225 °C, puis pendant 2 heures à 180 °C. À la sortie du four, retirer la graisse et effilocher la viande, en prenant soin de bien conserver l'os. Réserver au frais.

MONTAGE

À RÉALISER LA VEILLE

- 20 g de népita
- 10 g de romarin
- 10 g de thym de Corse (herba-barona)

Mélanger l'effiloché d'agneau et la sauce, en comptant 30 g de sauce pour 70 g de viande. Ajouter les herbes, bien mélanger, puis reformer une souris autour de l'os, à l'aide de film plastique. Réserver au frais pendant 12 heures.
Retirer le film, puis enfourner pour 15 minutes dans un four vapeur préchauffé à 160 °C.

JE SUIS ANTOINE GUELFUCCI

Chez les Guelfucci, tout commence par la terre. Cette terre rude, généreuse, où le soleil brûle le Maquis et réchauffe les pierres anciennes du domaine familial à Corte. Ici, chaque génération a appris à écouter, à observer, à goûter. À travers la vigne, nous capturons les nuances subtiles du terroir et, dans le maraîchage biologique, nous célébrons les saisons qui se succèdent avec patience.

Mais mon rêve était d'aller plus loin encore, d'ajouter une nouvelle page à l'histoire familiale. J'ai choisi l'élevage d'agneaux, parce que leur présence renoue avec une mémoire sensible du territoire. Pour cela, nous avons sélectionné la race berrichonne de l'Est, robuste et généreuse, capable de s'épanouir parfaitement sous nos ciels corses exigeants.

Chaque matin, au lever du jour, je les vois partir vers les pâturages, avançant dans le parfum intense du Maquis : thym sauvage, immortelle, lentisque... C'est ce mélange précieux d'herbes aromatiques et de brume matinale qui donne à notre viande toute sa finesse et sa subtilité. Notre travail consiste simplement à accompagner ce que la nature offre déjà, à préserver la force authentique de cette vallée cortenaise qui nous porte.

Nous produisons ainsi avec fierté une viande délicate, savoureuse, profondément ancrée dans ce paysage auquel notre famille appartient corps et âme. Car, au fond, ce que nous souhaitons, c'est transmettre à notre communauté tout le goût du terroir et toute l'âme de notre terre.

En Corse, la pêche à l'anguille est une tradition très ancienne, ancrée depuis plusieurs siècles, notamment dans des endroits comme l'étang de Biguglia. Cette recette est un bel hommage à ce savoir-faire ancestral. J'aime la cuire ainsi, juste nacrée et laquée aux agrumes, pour respecter le produit et le travail de notre pêcheur.

ANGUILLE

4 anguilles
10 citrons
10 oranges
10 pomélos
Pectine NH

Presser le jus des agrumes et prélever leur zeste. Faire réduire le jus de moitié, le peser, puis ajouter 2 g de pectine pour 1 kg de jus. Porter le mélange à ébullition, ajouter les zestes râpés des agrumes et retirer du feu.
Lever les filets d'anguille, puis les passer au gril de chaque côté afin qu'ils soient juste grillés. Terminer la cuisson au four à 180 °C pendant 10 minutes.
Déposer les filets d'anguille sur une grille, les recouvrir du laquage aux agrumes, puis les dresser dans les assiettes.

JE SUIS CHRISTOPHE BARTOLI

Pêcheur depuis 2001, je me suis lancé dans ce métier un peu par hasard, après avoir accompagné un ami — aujourd'hui mon associé — à l'étang de Diane. J'étais simple spectateur au début... Puis, l'année suivante, on s'est lancés ensemble dans l'aventure. Nous avons décidé de nous installer à Saint-Florent, en Haute-Corse, rejoints par son père, lui-même pêcheur. Depuis, nous vivons au rythme des saisons : l'été en mer, l'hiver à l'étang. En mer, on ramène quelques poissons et langoustes.

À l'étang, ce sont les fameuses anguilles qui font notre fierté.

Mais elles se font de plus en plus rares à cause du crabe bleu, une espèce invasive qui occupe les étangs et écourte la saison. Tant qu'il est là, impossible de pêcher. En 2001, nous étions près de 400 patrons-pêcheurs. Aujourd'hui, nous ne sommes plus que 140. La ressource se raréfie, c'est vrai. Mais ce sont surtout les normes, toujours plus lourdes, qui rendent notre métier presque impossible à exercer dignement.

Et pourtant, malgré les obstacles, malgré les années, mon associé et moi restons aussi passionnés qu'au premier jour. Tant qu'on aura cette flamme, on continuera.

PETITE

Les aubergines à la bonifacienne, ce sont des aubergines farcies à la tomme de brebis corse, nappées d'une belle sauce tomate : un mets de partage, parfait pour les grandes tablées. Chez nous, si tu n'en manges qu'une, c'est que tu es malade… ou que tu viens du continent ! Je voulais les préparer comme ces plats gigantesques que l'on sert en Corse, dans les auberges de haute montagne où l'assiette fait la taille de la nappe.

AUBERGINE À LA BONIFACIENNE

CAVIAR D'AUBERGINE

1 kg d'aubergines cuites
(soit 2 kg d'aubergines crues)
100 g d'huile d'olive
10 g de sel
2 g de poivre
1 citron
10 g de persil haché
50 g d'échalotes
10 g de purée d'ail

Passer les aubergines à la flamme jusqu'à ce que leur peau soit complètement noire. Terminer la cuisson au four, à 200 °C pendant 1 heure. Après la cuisson, égoutter les aubergines de leur jus, prélever et conserver leur chair. Laisser refroidir.
Mixer légèrement l'aubergine avec l'huile d'olive, le sel, le poivre, le jus et le zeste râpé du citron, le persil, les échalotes et l'ail. Réserver au frais.

MONTAGE

400 g de tomates confites mixées
(*voir recette p. 281*)
600 g de caviar d'aubergine
200 g de tomme de brebis corse râpée

Disposer le caviar d'aubergine dans le fond du plat et sur les côtés. Au centre, ajouter du confit de tomate, puis terminer avec de la tomme juste râpée. Enfourner pour 25 minutes dans un four préchauffé à 180 °C.

Les cannelloni au brocciu sont un emblème de la cuisine familiale corse. Ici, je les propose sous une forme plus ludique. Impossible de résister à ces petits bonbons garnis de brocciu.

CANNELLONI AU BROCCIU

PÂTE À RAVIOLES

À RÉALISER LA VEILLE

- 5 œufs
- 500 g de farine de blé
- 5 g de sel

Dans la cuve d'un batteur muni du crochet, mélanger les ingrédients jusqu'à obtenir une boule de pâte homogène. Envelopper la pâte dans du film alimentaire et réserver au frais pendant 12 heures.

FARCE AU BROCCIU

- 2 kg de brocciu
- 400 g d'épinards frais
- 100 g de népita
- Huile d'olive

Faire revenir les épinards frais à la poêle avec un filet d'huile d'olive. Réserver 2 heures au réfrigérateur. Mélanger à la main le brocciu, les épinards sautés hachés et la népita. Réserver.

MONTAGE DES *CANNELLONI*

- 600 g de sauce tomate *(voir recette p. 281)*

Passer la pâte au laminoir et l'étaler à 2 mm d'épaisseur. Détailler la pâte en rectangles, puis déposer 15 g de farce sur le bord inférieur de ces rectangles, dans le sens de la longueur. Refermer les ravioles en les roulant comme des *cannelloni* et en torsadant les bords pour les refermer. Cuire dans un grand volume d'eau bouillante pendant 3 à 5 minutes. Débarrasser dans la sauce tomate et faire cuire encore quelques minutes.

Le chapon est un véritable trésor de la mer corse, cousin de la rascasse. Je l'aime entier, grillé au barbecue, garni d'une farce fine faite avec sa propre chair et posé sur un lit d'aromates de mon île. Quand on le sort du four, les effluves parlent d'eux-mêmes.

CHAPON GRILLÉ

2 chapons entiers de 800 g chacun, vidés et préparés
4 blancs d'œufs
400 ml de crème liquide
5 g de sel
1 cédra
1 pomél
1 orange
1 clémentine
1 citron vert
1 citron jaune + 1 zeste pour la cuisson
30 g de cédrats confits au sel (*voir recette p. 280*)
5 g de népita
5 g de thym de Corse (herba-barona) + pour la cuisson
5 g de romarin + pour la cuisson

Ouvrir l'un des deux chapons en portefeuille.
Mixer la chair du deuxième chapon avec les blancs d'œufs, la crème et le sel, jusqu'à obtenir une farce fine bien lisse. Ajouter les zestes râpés des agrumes, le cédrat confit au sel ainsi que les aromates. Fourrer le chapon en portefeuille avec la farce, puis le refermer.
Le déposer dans une cocotte, puis enfourner posé sur du thym, du romarin et le zeste de citron coupé en lamelles, pour 20 minutes dans un four préchauffé à 165 °C. Retirer la peau du chapon avant de servir.

Pendant la période de chasse, on fait cuire le sanglier pendant des heures pour qu'il devienne fondant, presque confit. Ici, il est effiloché, lié à sa propre sauce et déposé sur une fine couche de polenta. On verse par-dessus une réduction de sciaccarellu qui vient veiner la sauce comme un marbre corse. Un plat de chasse, oui... mais taillé comme une pierre précieuse.

CIVET DE SANGLIER AU SCIACCARELLU

MIROIR DE SCIACCARELLU

3 l de vin rouge sciaccarellu
100 g de fond de veau très réduit
(*voir recette p. 281*)

Faire réduire le vin de 95 %, jusqu'à obtenir une consistance épaisse. Ajouter le fond de veau, puis faire réduire jusqu'à obtenir une texture nappante.

POLENTA

500 g de polenta crue
200 g d'huile d'olive
7 g de sel

Dans une grande casserole, faire bouillir 1,5 l d'eau avec l'huile d'olive et le sel. Ajouter la polenta en pluie fine, puis laisser cuire à feu doux en fouettant continuellement, pendant 20 à 25 minutes. Quand la polenta est suffisamment épaissie, la couler dans le fond des assiettes, sur 1 cm d'épaisseur. Réserver au frais pendant 1 heure.

DRESSAGE

700 g de civet de sanglier froid
(*voir recette p. 281*)
300 g de sauce de civet de sanglier
(*voir recette p. 281*)
Huile d'olive
Fond de veau très réduit
(*voir recette p. 281*)

Effilocher le civet de sanglier froid, le mélanger avec la sauce chaude, puis le disposer sur la polenta dans les assiettes. Passer les assiettes au four vapeur pendant 15 minutes ou recouvrir les assiettes de film plastique et les enfourner pendant 15 minutes dans un four traditionnel préchauffé à 100 °C. Recouvrir le tout avec le miroir de sciaccarellu. Perler avec un peu d'huile d'olive et quelques gouttes de fond de veau réduit.

NOUS SOMMES LA FAMILLE ALBERTINI

Je m'appelle Pascal et je suis l'héritier d'une histoire qui remonte à plus de deux siècles. Au Clos d'Alzeto, la vigne ne s'est jamais tue. Même pendant les guerres mondiales, quand les hommes partaient au front, les femmes de la famille Albertini restaient, gardiennes du savoir-faire, courageuses, debout, les mains dans les ceps, les yeux vers la récolte.

Aujourd'hui, la cinquième génération est là : Brigitte, Alexis et Alain. Mes enfants. Ils portent le domaine avec une passion sincère et une exigence nouvelle. Ensemble, nous faisons évoluer le vignoble et l'oliveraie dans le respect du terroir et de notre mémoire.

Ce qui nous anime, c'est de réconcilier tradition et innovation. Expérimenter de nouveaux élevages, affiner les vinifications et, surtout, replanter des cépages corses oubliés, en prenant le temps de les étudier, de les comprendre. Redonner vie à des goûts anciens, enracinés, oubliés du marché, mais pas du cœur.

Notre terre, perchée à l'altitude, baignée de lumière, nous offre un équilibre rare. C'est elle qui donne à nos vins leur typicité, leur verticalité, leur âme. Et c'est à travers elle que nous racontons une part de l'identité corse, bouteille après bouteille.

Ici, le vin est une mémoire liquide, un engagement de famille et une promesse de transmission.

Élevé exclusivement en Corse, le porc nustrale prend son temps. Il transhume en montagne, croque glands et châtaignes et se pare d'un gras délicat, presque parfumé. Ici, on cuisine la joue longuement, jusqu'à ce qu'elle se mange à la cuillère. Puis on la laque au miel de châtaignier.

COCHON LAQUÉ AU MIEL DE CHÂTAIGNIER

COCHON LAQUÉ

1 kg de joues de cochon
400 g de bouillon de porc
(voir recette p. 280)
150 g de miel de châtaignier
100 g d'ail
250 g d'huile d'olive

Faire rissoler les joues de cochon à l'huile d'olive, puis déglacer avec un bouillon de porc. Enfourner pour 4 heures dans un four préchauffé à 180 °C. Égoutter les joues.
Dans une grande poêle, faire revenir le miel avec l'ail haché et l'huile d'olive. Lorsque le mélange commence à roussir, ajouter les joues de porc et cuire quelques minutes sur le feu, en laquant la viande avec la sauce.

ÉCRASÉ DE POMME DE TERRE AU BEURRE FUMÉ

1 kg de pommes de terre
250 g de beurre
200 g de foin

Mettre le foin dans un bac gastronorme, le brûler avec un chalumeau, puis déposer au milieu du foin un bol contenant le beurre. Fermer le bac et laisser fumer le beurre pendant 20 minutes.
Cuire les pommes de terre dans un grand volume d'eau bouillante. Les égoutter, puis les écraser grossièrement avec le beurre fumé et un peu de fleur de sel.

DRESSAGE

Déposer directement la poêle avec le cochon laqué sur la table et servir l'écrasé de pomme de terre dans des petits bols.

JE SUIS BENOÎT RINALDI

Je m'appelle Benoît Rinaldi et, depuis bientôt quarante ans, je consacre ma vie à un animal qui fait partie intégrante de notre culture : le porc nustrale.

Au départ, je travaillais avec des croisements, comme beaucoup. Et puis, quand la race corse a été officiellement reconnue, quelque chose s'est imposé à moi : il fallait la défendre, la faire vivre, la faire grandir, ici, sur nos terres.

Rustique, libre, profondément adapté à notre montagne, le nustrale est bien plus qu'un cochon. C'est un animal fier, solide, qui se nourrit des ressources naturelles du Maquis, qui avance lentement, mais sûrement, entre les châtaigniers et les pierres sèches.

L'élever demande de la patience, du respect et une vraie compréhension du rythme de la nature. Ce n'est pas une production de masse : c'est une alliance avec un territoire.

Année après année, j'ai cherché à affiner ce lien : affirmer une qualité, stabiliser un élevage exigeant, sans trahir son essence. La charcuterie qui en découle — lonzu, coppa, prisuttu — a une profondeur, une texture, un parfum que seule cette race peut offrir.

Aujourd'hui, je poursuis ce travail aux côtés de ma fille Ghjulia. Ensemble, on s'attache à faire du porc nustrale non pas un produit rare, mais un produit juste. Fidèle à son origine et à ce qu'il dit de notre île.

Dans ce plat, la boutargue joue à elle seule le rôle d'assaisonnement. Il n'y a même pas besoin d'ajouter du sel. Elle vient gratiner la chair de la daurade qui cuit quelques minutes seulement, à l'unilatérale. Quand le poisson est d'une telle fraîcheur, je n'arrive pas à le déguster autrement !

DAURADE À LA BOUTARGUE

CROÛTE DE BOUTARGUE

300 g de beurre
50 g de chapelure
50 g de boutargue

Mixer les ingrédients ensemble, puis réserver au frais.

DAURADE À LA BOUTARGUE

8 filets de daurade royale
Croûte de boutargue

Étaler finement la croûte de boutargue sur les filets de daurade, dont les arêtes et la peau ont été préalablement retirées. Enfourner pour 8 minutes dans un four préchauffé à 180 °C, en mode gril.

CONDIMENT DE RATATOUILLE ET TIAN DE COURGETTE

5 oignons
1 aubergine
200 g de tomates confites (*voir recette p. 281*)
5 courgettes
Huile d'olive

Émincer les oignons, les faire suer, puis cuire jusqu'à caramélisation. Couper l'aubergine en dés et la cuire à l'huile d'olive avec les oignons.
Hacher ensemble la préparation d'oignons et d'aubergine puis ajouter les tomates confites, également hachées. Déposer le tout dans des cocottes individuelles, puis ajouter sur le dessus les rondelles de courgettes rangées en spirale. Enfourner pour 1 heure dans un four préchauffé à 150 °C, jusqu'à obtenir une croûte caramélisée.

DRESSAGE

Servir la daurade en croûte de boutargue au centre de l'assiette. Accompagner d'une petite cassolette de ratatouille et tian de courgette, en satellite.

JE SUIS JEAN-LOUIS GUAITELLA

Je suis pêcheur depuis toujours, ou presque. J'ai passé trente-trois ans dans l'étang d'Urbino, trois à Biguglia et, aujourd'hui, c'est à l'embouchure du Golu, à Tanghiccia, que je jette mes filets. Là où l'eau se mêle à la lumière, où chaque matin réinvente le silence.

Mais les choses ont changé. La boutargue corse, que je fabrique avec fierté depuis des décennies, vit des jours sombres. Le crabe bleu, venu d'ailleurs, détruit nos filets en une nuit. Jadis, on récoltait près d'une tonne d'œufs de mulets chaque saison. Aujourd'hui, on se contente parfois de dix kilos, et encore...

Alors on s'adapte. On pêche en mer, on échange avec nos amis pêcheurs italiens qui capturent ces mulets que la Méditerranée nous refuse désormais. L'essentiel, c'est de préserver ce savoir-faire fragile, cette tradition unique. La boutargue, c'est deux poches d'œufs salées à la main, rincées doucement, puis séchées au soleil, une journée seulement. Pas plus, et une semaine en situation ombragée et surtout aérée. C'est un geste lent, précis, un goût iodé, profond, que l'on retrouve sur une tranche de pain ou à l'apéritif, avec un filet de citron.

Le métier devient plus dur, les règles plus denses et les jeunes plus rares. Mais je continue. Parce qu'ici, chaque lever de soleil sur l'eau est un cadeau. Parce que ce que certains appellent un étang, moi, je l'appelle mon bureau à ciel ouvert.

Deux vedettes de l'île réunies dans un seul plat. Le denti, d'abord – noble poisson, bien connu des pêcheurs corses. Et le prisuttu, roi de notre charcuterie. On dépose une croûte fine de prisuttu sur le poisson, qui fond doucement à la cuisson et parfume le denti d'un fumet inimitable. Résultat : tout le monde en redemande !

DENTI AU PRISUTTU

CROÛTE DE PRISUTTU

100 g de prisuttu
100 g de figatellu

Cuire le prisuttu et le figatellu à la poêle pour obtenir une texture de chips. Réserver au frais pendant 2 heures. À froid, hacher finement les chips de viande, puis les mélanger au batteur muni de la feuille. Étaler la pâte entre 2 feuilles de papier cuisson, à 2 mm d'épaisseur, et réserver au frais.

DENTI AU PRISUTTU

8 filets de denti de 150 g chacun
Croûte de prisuttu

Étaler la croûte de prisuttu sur les filets de denti, dont les arêtes et la peau ont été préalablement retirées. Enfourner pour 8 minutes dans un four préchauffé à 180 °C. Terminer la cuisson à la salamandre pendant 2 minutes.

MOUSSELINE DE CÉLERI

1,5 kg de céleris-raves
100 g de crème liquide
10 g de fleur de sel

Éplucher les céleris-raves et les couper en gros morceaux. Enfourner pour 40 minutes dans un four préchauffé à 160 °C. Mixer ensuite les morceaux de céleris-raves jusqu'à obtenir une purée bien lisse. Ajouter la crème et la fleur de sel.

DRESSAGE

400 g de sauce de civet de sanglier
(voir recette p. 281)

Dresser la mousseline de céleri dans le fond d'un grand plat en inox. Déposer le denti en croûte de prisuttu au centre de la mousseline. Perler avec la sauce de civet de sanglier chaude avant de servir.

JE SUIS BASTIANU AGOSTINI

Dapoi avà più di vint'anni travagliu cù u sapè fà familiale trasmessu da l'antenati.

Pè u prisuttu, hè sopr'à tuttu un purcellu di qualità svelte quand'ellu ci vole, una mess'in sale precisa è per finì un staghjunamentu à u minimu di 18 mesi. Ma u più impurtente per mè hè di stà umile di pettu à stu cumpitu è d'ùn scurdassi chì u nostru paese hè fattu d'omi, donne è artisgiani talentuosi. U mo scopu d'ogni ghjorni hè di campà è travaglià di manera umile.

Depuis maintenant une vingtaine d'années, je perpétue les gestes et le savoir-faire familiaux tels qu'ils m'ont été enseignés. Le prisuttu, c'est avant tout un animal de qualité sélectionné au bon moment, un temps de salaison précis et, enfin un affinage dans une cave adéquate d'au moins 15 à 18 mois. Pour moi, l'important est de rester humble face à cette tâche et de ne jamais oublier que l'île regorge de nombreux artisans talentueux. Faire pour le mieux avec humilité, tel est mon but au quotidien.

On l'appelle « loup » en Méditerranée, « bar » dans le nord de la France, mais on s'accorde partout sur la finesse de sa chair. Dans cette recette, on le cuisine à la manière des pâtes de Calvi : avec des tomates juteuses, des olives noires et des câpres, pour un plat vibrant de soleil.

LOUP À LA CALVAISE

CONDIMENT À LA CALVAISE

150 g de tomates confites mixées
(voir recette p. 281)
50 g de câpres hachées
50 g d'olives noires hachées

Mélanger tous les ingrédients et réserver.

FENOUIL RÔTI AUX AGRUMES

2 fenouils
100 g de jus de citron
100 g de jus de clémentine
100 g de jus d'orange
100 g de jus de pomélo
Sel
Poivre

Couper les fenouils en 4, puis les cuire, à la casserole, dans le jus des agrumes, jusqu'à ce qu'il devienne sirupeux. Assaisonner de sel et de poivre.

SALADE DE FENOUIL AUX AGRUMES

1 fenouil
2 citrons jaunes
10 g de fleur de sel

Couper le fenouil très finement à l'aide d'une mandoline. Ajouter le zeste râpé et le jus des citrons jaunes. Bien mélanger et laisser mariner la salade pendant 12 heures au frais. Assaisonner de fleur de sel.

LOUP RÔTI

4 filets de loup de 150 g chacun

Recouvrir les filets de loup de condiment à la calvaise. Enfourner pour 10 minutes dans un four préchauffé à 180 °C.

DRESSAGE

Servir le filet de loup à la calvaise au centre de l'assiette. Accompagner d'un petit bol en satellite avec le fenouil rôti aux agrumes et la salade de fenouil.

Encore une merveille de nos eaux corses. Avec ses écailles roses aux reflets bleutés, ce poisson est aussi beau que bon. Cousin de la daurade, il en partage la finesse. Je l'aime simplement, nappé d'une sauce vierge à la corse, relevée d'agrumes et de belles langues d'oursins. Le goût du large, le goût de chez nous.

PAGRE AUX OURSINS

---

6 filets de pagre
100 g d'huile d'olive
25 langues d'oursin
1 citron
1/2 pomélo
1/2 orange
1 citron vert
20 g de cédrats confits au sel *(voir recette p. 280)*
20 g d'olives vertes
20 g de dés de tomate verte émondée
20 g de dés de tomate rouge émondée
10 g de persil haché
5 g de romarin
5 g de thym de Corse (herba-barona)

Prélever le jus et le zeste des agrumes.
Dans un bol, mélanger dans l'huile d'olive les langues d'oursin, le jus et le zeste des agrumes, le cédrat confit au sel et les olives vertes hachées, les dés de tomates et le persil.
Cuire les filets de pagre dans un fond d'huile d'olive à la poêle.
Ajouter le thym et le romarin, puis terminer la cuisson au four, à 180 °C pendant 2 minutes.
À la sortie du four, les déposer sur une grille et les laisser s'égoutter pendant 2 minutes.
Dresser les filets de pagre au centre des assiettes, puis recouvrir de sauce à l'oursin.

J'ai peur que le hachis parmentier traditionnel parisien ne fasse pas le poids face à cet effiloché de sanglier tendre et moelleux, recouvert d'une purée aux herbes du Maquis. Pour remplacer la chapelure, on met du figatellu grillé !

PARMENTIER DE SANGLIER ET FIGATELLU

200 g de figatellu
1 kg de pommes de terre cuites
10 g de népita
5 g de thym de Corse (herba-barona)
5 g de romarin

Couper le figatellu en dés et le faire revenir à sec dans une poêle, à feu vif pendant quelques minutes. Les grattons doivent être bien colorés mais ne doivent pas être trop grillés.
Bien les égoutter (et conserver le gras), puis les hacher légèrement.
Passer les pommes de terre au presse-purée, avec les herbes, puis ajouter 50 g de gras de figatellu.

MONTAGE

1 kg de civet de sanglier
(*voir recette p. 281*)
500 g de sauce civet de sanglier
(*voir recette p. 281*)

Effilocher le civet de sanglier et le mélanger avec la sauce civet.
Remplir de moitié un moule en forme de Corse avec l'effiloché, puis la seconde moitié avec la purée.
Déposer enfin les grattons de figatellu sur le dessus et enfourner pour 12 minutes dans un four préchauffé à 180 °C.
Servir avec la sauce autour.

JE SUIS MARC BIANCARDINI

Je ne sais jamais vraiment par où commencer quand on me demande ce que la chasse représente pour moi. Elle est partout dans ma vie. Elle me relie à mes ancêtres, à ceux qui connaissaient la montagne mieux que leur propre maison, à ceux pour qui traquer le sanglier n'était pas un loisir mais une façon de vivre.

Aujourd'hui encore, c'est ce lien que je ressens à chaque battue. Ce n'est pas une question de trophée ou de score. C'est un moment suspendu, de fraternité vraie, loin du bruit du monde. Dans un temps où tout va trop vite, la chasse nous oblige à ralentir, à observer, à écouter.

Il y a aussi les chiens. Ces compagnons à quatre pattes m'accompagnent depuis l'enfance. Ils ne sont pas seulement des partenaires : ils sont un prolongement de nous-mêmes, de notre instinct, de notre culture.

Chasser, pour moi, c'est m'échapper sans fuir. C'est revenir à quelque chose d'essentiel. C'est méditer en mouvement, respirer en silence, sentir battre le cœur de la forêt sous mes pas.

Et c'est surtout garder vivant un art ancien, ancré dans la terre corse, nourri de respect, de mémoire et d'une profonde humilité face à la nature.

En Corse, la pastasciutta, *c'est un grand classique : des pâtes à la tomate, de la viande, de la panzetta et des herbes du Maquis. J'ai voulu en proposer une version végétarienne, estivale et pleine de fraîcheur : tomates confites, câpres, olives, citron... Le tout travaillé en ravioles, pour une bouchée parfaite à chaque coup de fourchette.*

PASTASCIUTTA

PÂTE À RAVIOLES

À RÉALISER LA VEILLE

- 3 œufs
- 300 g de farine de blé
- 3 g de sel

Dans la cuve d'un batteur muni du crochet, mélanger les ingrédients jusqu'à obtenir une boule de pâte homogène. Envelopper la pâte dans du film alimentaire et réserver au frais pendant 12 heures.

FARCE *PASTASCIUTTA*

- 600 g de tomates confites mixées *(voir recette p. 281)*
- 20 g de cédrats confits au sel *(voir recette p. 280)*
- 20 g de câpres hachées
- 20 g d'olives vertes et noires hachées
- 2 g de persil haché
- 1 g de thym haché
- 1 g de romarin haché
- 1 g de poivre

Mélanger tous les ingrédients. Réserver.

MONTAGE

- 400 g de tomates confites mixées *(voir recette p. 281)*

Passer la pâte au laminoir et l'étaler à 2 mm d'épaisseur.
Détailler la pâte en disques de 10 cm de diamètre, puis déposer 15 g de farce au centre de chacun d'eux.
Refermer les ravioles en demi-lune et coller entre elles les deux extrémités.
Cuire dans un grand volume d'eau bouillante pendant 3 à 5 minutes.
Égoutter, puis cuire encore 1 minute dans une poêle avec du confit de tomate.

C'est sans doute le plat le plus emblématique, le plus connu, le plus savoureux chez nous. Les pâtes à la langouste, c'est un plat de pêcheur, simple, mais toujours attendu. Pour cette recette, la chair est glissée dans des ravioles. Une pâte fine, une farce moelleuse, cuite doucement dans la sauce. Résultat : de la langouste à chaque bouchée... histoire que personne ne joue des coudes.

PÂTES À LA LANGOUSTE EN RAVIOLE

PÂTE À RAVIOLES

À RÉALISER LA VEILLE

- 3 œufs
- 300 g de farine de blé
- 3 g de sel

Dans la cuve d'un batteur muni du crochet, mélanger les ingrédients jusqu'à obtenir une boule de pâte homogène. Envelopper la pâte dans du film alimentaire et réserver au frais pendant 12 heures.

FARCE DE LANGOUSTE

- 300 g de queues de langoustes décortiquées
- 40 g de mascarpone
- 10 g de cédrats confits au sel (*voir recette p. 280*)
- 3 g de fleur de sel
- 2 g de poivre
- 2 g de persil

Passer l'ensemble des ingrédients au hachoir, mélanger, puis réserver au frais.

SAUCE LANGOUSTE

- Têtes et carcasses de 2 langoustes
- 15 g de whisky corse P&M® single malt
- 1 oignon
- 2 carottes
- 1 gousse d'ail

Émincer l'oignon, les carottes et l'ail, puis les faire suer à l'huile d'olive.
Faire revenir les têtes et les carcasses des langoustes avec les légumes, puis flamber au whisky et mouiller à hauteur.
Laisser cuire pendant environ 1 heure.
Mixer le tout et passer la préparation au chinois.
Faire légèrement réduire la sauce, puis réserver.

MONTAGE DES RAVIOLES

Passer la pâte au laminoir et l'étaler à 2 mm d'épaisseur.
Détailler la pâte en disques de 10 cm de diamètre, puis déposer 15 g de farce au centre de ces disques. Refermer les ravioles en demi-lune et coller entre elle les deux extrémités.
Cuire dans un grand volume d'eau bouillante pendant 3 à 5 minutes.
Égoutter, puis cuire encore quelques minutes dans une poêle avec la sauce langouste.

JE SUIS JEAN-TOUSSAINT LUCCHINI

Chaque matin depuis quarante ans, je prends la mer au départ de Solenzara. Le vent est parfois capricieux, la houle un peu rude, mais le plaisir est intact. Je retrouve mon bateau comme on retrouve un vieil ami. Depuis une dizaine d'années, mes fils, Alexandre et Emmanuel, m'ont rejoint. Ensemble, on partage bien plus qu'un métier : un rythme, un silence, une façon d'habiter le monde.

Notre pêche est artisanale, sélective, respectueuse des saisons et du vivant. Ici, rien n'est laissé au hasard. On choisit nos zones, nos périodes, nos gestes. On pêche au pot, à la nasse, à la ligne... toujours avec mesure.

Parmi toutes nos prises, il y en a une que je respecte tout particulièrement : la langouste. On la pêche à la nasse, en profondeur, là où la mer devient calme et dense. Il faut de la patience, de la précision. La langouste a une chair ferme, nacrée, élégante, avec un goût subtil, presque minéral, qui évoque les rochers immergés et les grands fonds.

C'est une pêche exigeante, mais gratifiante. Une pêche qui nous relie à la mer et à nous-mêmes. Dans ce monde qui s'accélère, chaque sortie nous offre un moment de paix, de vérité et la fierté de ramener un produit juste, sauvage, profondément méditerranéen.

Avec sa chair ferme et délicate, il est sans doute l'un des meilleurs poissons au monde.
Pour le mettre en valeur, rien de tel qu'une simple croûte d'herbes du Maquis et d'agrumes...
et quelques minutes au four !

SAINT-PIERRE AUX HERBES

---

4 filets de saint-pierre de 150 g
300 g de beurre
50 g de chapelure
1/2 tête d'ail
1 botte de persil
1 botte de népita
1 botte de thym de Corse (herba-barona)
10 g d'acides de citron (*voir recette p. 282*)
10 g d'acides de pomélo (*voir recette p. 282*)

Mixer ensemble le beurre, la chapelure, l'ail, les aromates et les acides de citron et de pomélo.
Réserver la croûte au frais pour que le beurre retrouve sa consistance puis, une fois le mélange refroidi, étaler la croûte en prenant soin de ne pas trop la réchauffer.
Découper la croûte d'herbes à la forme des filets, puis la déposer sur les saint-pierres.
Enfourner pour 10 minutes dans un four préchauffé à 180 °C.

On dit stufatu en corse, stufato en italien. En français, on appellerait ça un sauté. Le principe est le même : le veau est rapidement coloré puis cuit très longuement dans une sauce jusqu'à ce qu'il s'effiloche. Ici, on le sert sur une fine couche de polenta et recouvert d'une sauce bien nappante. Sans oublier nos plus belles olives de Corse.

STUFATU DE VEAU AUX OLIVES

STUFATU DE VEAU

- 5 kg de veau corse
- 3 carottes
- 1 oignon
- 50 g d'ail
- 150 g de concentré de tomate
- 3 l de fond de veau maison (*voir recette p. 281*)
- 150 g de Cap Corse Mattei®
- Huile d'olive

Faire rôtir le veau corse dans un sautoir avec de l'huile d'olive, jusqu'à ce qu'il soit bien coloré.
Ajouter les légumes émincés et le concentré de tomate.
Mouiller avec le fond de veau maison, puis cuire à feu doux, à couvert, pendant 3 heures.
Retirer les morceaux de veau et les réserver au réfrigérateur.
Mixer la sauce au mixeur plongeant, ajouter le Cap Corse®, puis réduire jusqu'à obtenir une texture nappante.

POLENTA

- 500 g de polenta crue
- 200 g d'huile d'olive
- 7 g de sel

Dans une grande casserole, faire bouillir 1,5 l d'eau avec l'huile d'olive et le sel.
Ajouter la polenta en pluie fine, puis laisser cuire à feu doux en fouettant continuellement, pendant 20 à 25 minutes.
Quand la polenta est suffisamment épaissie, la couler dans le fond des assiettes, sur 1 cm d'épaisseur.
Réserver au frais pendant 1 heure.

DRESSAGE

- 700 g de *stufatu* de veau froid
- 1,3 kg de sauce de *stufatu* de veau
- 40 grosses olives noires et vertes

Effilocher le *stufatu* de veau froid, le mélanger avec 300 g de sauce chaude, puis le disposer sur la polenta dans les assiettes.
Passer les assiettes au four vapeur pendant 15 minutes ou recouvrir les assiettes de film plastique et les enfourner pendant 15 minutes dans un four traditionnel préchauffé à 100 °C.
À la sortie du four, disposer les olives harmonieusement.

JE SUIS
BERNARD COLOMBANI

Je m'appelle Bernard, j'élève mes veaux dans la montagne de Noceta. Ici, pas de label, pas de vitrine.

Juste des bêtes libres et des gens qu'on nourrit honnêtement.

Mes veaux naissent ici, grandissent dans les alpages, nourris par le fourrage que je produis et la générosité de la montagne. Pas besoin d'aller chercher plus loin. Pourquoi les appeler autrement ? Ils sont corses, comme moi.

Je ne cherche pas la productivité, ni les médailles. Je croise mes bêtes pour leur donner ce qu'on ne trouve plus dans les manuels : de la résilience, de l'autonomie. Je veux des animaux qui vivent bien, qui marchent, qui broutent, qui regardent l'horizon. Pas des carcasses calibrées.

Je n'ai rien contre ceux qui font autrement. Mais moi, je n'agrandirai pas. Je ne veux pas tricher, je ne veux pas mentir. Ce que je produis, je le vends en local, au plus près, et je dors tranquille.

Aujourd'hui, on vit dans un monde pressé, connecté, qui ne regarde plus ni la terre, ni les bêtes. Moi, je reste ici, au pas lent de mes veaux, debout dans ce monde de fou, sans compromis.

Ce n'est peut-être pas parfait. Mais c'est vrai.

Ce veau pané pourrait faire penser à une escalope milanaise, à quelques exceptions près. Le veau est corse et la chapelure est réalisée à base de polenta. Cette dernière apporte un croquant merveilleux et des notes torréfiées qui rappellent le popcorn. *On sert ce veau pané avec une sauce vierge acidulée aux câpres et au citron.*

VEAU PANÉ À LA POLENTA

---

2 filets de veau de 200 g chacun
200 g de chapelure
100 g de beurre pommade
200 g de polenta crue
100 g d'huile d'olive
40 g de câpres hachées
20 g de persil haché
20 g de népita
2 citrons

Mixer la chapelure, le beurre pommade et la polenta pour réaliser la croûte.
Réserver la croûte au frais pendant 1 heure, pour que le beurre retrouve sa consistance.
Poêler les filets de veau avec une cuillère à soupe d'huile d'olive, de sorte qu'ils soient juste marqués.
Étaler la croûte refroidie en prenant soin de ne pas trop la réchauffer.
La découper à la taille des filets de veau, puis la déposer sur la viande.
Enfourner pour 15 minutes dans un four préchauffé à 180 °C. À la sortie du four, détailler les filets en 2, dans la longueur.
Mélanger l'huile d'olive, les câpres, le persil, la népita, ainsi que le zeste râpé des citrons et leurs suprêmes coupés en 3.

DRESSAGE

Déposer les demi-filets de veau au centre de chaque assiette et ajouter un peu de condiment sur le côté.

JE SUIS
JEAN-CHRISTOPHE PAOLI

Je m'appelle Jean-Christophe et, si ma vie professionnelle m'a mené vers la recherche en économie rurale, c'est la terre qui, toujours, m'a ramené à l'essentiel. Il y a quinze ans, avec ma compagne, nous avons commencé à produire de la farine de châtaigne, tout en cultivant un petit potager pour notre consommation.

C'est à ce moment-là qu'un meunier, transformant nos châtaignes, nous a parlé d'une variété oubliée : le maïs nustrale, une espèce corse endémique, rougeâtre, aux grains durs, en voie de disparition. Il nous a confié quelques semences. Et avec elles, une responsabilité.

Pour préserver cette variété, je la plante loin de toute autre culture de maïs, évitant l'hybridation. Ce maïs est peu rentable, son rendement est faible — c'est sûrement ce qui a causé son abandon. Mais il est précieux. Selon des témoignages anciens, il était autrefois cultivé dans toute la Gravona. Certains écrits parlent même d'un « blé de Barbarie » utilisé autant pour la farine que pour le fourrage, grâce à sa richesse en matière végétale.

Je le fais sécher au four, comme on le faisait autrefois pour les châtaignes. Une sorte de biscuitage, qui « précuit » la farine. Résultat : une poudre dense, puissante, capable d'absorber plus de trois fois son poids en eau. Une mémoire vivante, inscrite dans chaque grain.

Ce maïs nustrale, c'est plus qu'une culture : c'est un geste de résistance, de préservation et d'attachement profond à la terre corse.

FROMAGE & PAIN

A filetta, c'est « la fougère » en corse. C'est aussi un fromage de brebis à croûte lavée, décoré d'une feuille de fougère, d'où son nom. Ici, j'associe une mousse d'a filetta à une marmelade de poires de Casinca. À la découpe, on découvre cette marmelade délicatement posée sur un lit de noix. J'ai confectionné un « poivre orange » pour rappeler la croûte lavée du fromage et parfaire l'illusion.

A FILETTA

MOUSSE A FILETTA

À RÉALISER 2 JOURS AVANT

1,5 l de crème liquide
35 g de feuilles de gélatine
750 g d'a filleta
600 ml de lait
20 g de xanthane
5 g de sel

Faire ramollir la gélatine dans un petit volume d'eau froide. Faire bouillir la crème, puis ajouter la gélatine. Réserver 24 heures au frais.
Le lendemain, monter la crème froide au batteur, comme une chantilly.
Dans un second bol, mixer l'a filleta (conserver la fougère pour le dressage) avec le lait, le xanthane et le sel. Détendre la pâte de fromage avec la crème montée. Réserver.

MARMELADE DE POIRE

À RÉALISER 2 JOURS AVANT

500 g de poires
50 g de sucre en poudre
15 g de pectine NH
1,5 g d'acide citrique

Faire cuire les poires, coupées en petits dés, avec la moitié du sucre et laisser confire jusqu'à obtenir une texture de confiture. À texture souhaitée, ajouter le restant du sucre avec la pectine, puis porter le mélange à ébullition. Ajouter l'acide citrique, mixer, puis débarrasser. Réserver au frais pendant 12 heures.

POIVRE ORANGE

25 g de poivre blanc en grains
25 g de zeste de clémentine

Mixer le poivre blanc et le zeste de clémentine au Thermomix®, jusqu'à obtenir une poudre très fine. Réserver.

MONTAGE

À DÉMARRER LA VEILLE

24 cerneaux de noix
Poivre orange
1 petite feuille de fougère

Étaler les cerneaux de noix dans des cercles en inox de 8 cm de diamètre, sur 5 mm d'épaisseur, en utilisant 8 cerneaux par cercle. Recouvrir de 7 mm de marmelade de poire. Placer le cercle au congélateur pendant 12 heures.
Dans un cercle de 10 cm de diamètre, déposer l'insert de noix congelé. Remplir ensuite le cercle à hauteur avec la mousse a filetta. Placer de nouveau le cercle au congélateur pendant 12 heures. Décongeler et façonner en forme d'a filetta. Frotter avec le poivre orange sur le tour et positionner la feuille de fougère sur le dessus.

JE SUIS
JOHAN MATTEI

Je m'appelle Johan et je suis né entre les murs de notre fromagerie familiale, A Filetta, fondée par mes parents. J'y ai grandi au rythme des traites, des saisons, et du parfum du lait chaud. C'est tout naturellement que j'ai décidé de poursuivre cette aventure, en me formant au métier de fromager à l'École nationale d'industrie laitière de Surgères.

Aujourd'hui, je veille à la gestion de la production et à la qualité de nos fromages, toujours élaborés dans le respect du savoir-faire transmis. Ici, à Taglio-Isolaccio, nous travaillons le lait de brebis avec rigueur et attention, sans jamais perdre de vue ce qui fait l'âme d'un bon fromage : le geste juste, le temps et la sincérité.

Le fromage a filetta brebis, c'est notre signature. Un fromage corse, enraciné, reconnaissable entre tous à sa feuille de fougère, clin d'œil à notre Maquis. Sa croûte fine, sa pâte souple et son goût franc racontent le territoire et les brebis qui l'ont façonné. Il peut être doux ou plus intense selon l'affinage, mais toujours fidèle à notre terroir.

Travailler ici, c'est faire le choix d'un équilibre : entre tradition et exigence, entre artisanat et modernité. Et à chaque fromage qui part de notre cave, je me dis qu'on continue, humblement, à faire parler la Corse.

CEPOVETT

Moins réputé que le brocciu mais bien connu des amateurs, le brin d'amour est un fromage corse, fabriqué avec du lait de brebis et poudré d'herbes du Maquis. J'en fais une mousse très légère, que je roule minute dans les herbes fraîches, comme l'original. À la découpe, il dévoile un cœur de marmelade de myrte reposant sur un socle de noix.

BRIN D'AMOUR

MOUSSE BRIN D'AMOUR

À RÉALISER 2 JOURS AVANT

- 1,5 l de crème liquide
- 30 g de feuilles de gélatine
- 750 g de brin d'amour sans croûte
- 600 ml de lait
- 20 g de xanthane
- 5 g de sel

Faire bouillir la crème, puis ajouter la gélatine. Réserver 24 heures au frais.
Le lendemain, monter la crème froide au batteur, comme une chantilly.
Dans un second bol, mixer le brin d'amour avec le lait, le xanthane et le sel. Détendre la pâte de fromage avec la crème montée. Réserver.

MARMELADE DE BAIES DE MYRTE

À RÉALISER 2 JOURS AVANT

- 500 g de sucre en poudre
- 750 g de baies de myrte
- 22 g d'agar-agar

Faire bouillir le sucre dans 1,5 l d'eau. Ajouter les baies de myrte, l'agar-agar et continuer la cuisson pendant 30 minutes. À la fin de la cuisson, mixer la préparation et passer au chinois. Réserver au frais pendant 12 heures.

MONTAGE

À DÉMARRER LA VEILLE

- 24 cerneaux de noix
- Poivre noir du moulin
- Poudre de thym de Corse (herba-barona)
- Népita
- Romarin

Étaler les cerneaux de noix dans un cercle en inox de 8 cm de diamètre, sur 5 mm d'épaisseur, en utilisant 8 cerneaux par cercle. Recouvrir de 7 mm de marmelade de baies de myrte. Placer le cercle au congélateur pendant 12 heures.
Dans un cercle de 10 cm de diamètre, déposer l'insert de noix congelé. Remplir ensuite le cercle aux 2/3 de sa hauteur avec la mousse brin d'amour. Ajouter 15 tours de moulin à poivre, puis terminer de remplir de mousse, à hauteur. Placer de nouveau le cercle au congélateur pendant 12 heures.
Décongeler et façonner en forme de brin d'amour. Recouvrir de poudre de thym, de népita et de romarin.

JE SUIS LAURENCE MATTEI

Je m'appelle Laurence et cela fait plus de cinquante ans que je travaille au rythme du lait de brebis. Avec Michel, mon mari, on a commencé avec 80 bêtes, quelques planches en guise de cave et l'envie de faire bon, vrai, ici, en Corse.

Parmi nos fromages, il y en a un que je porte tout particulièrement dans mon cœur : le brin du Maquis. Un nom tendre pour un fromage au caractère franc. Sa croûte se couvre peu à peu d'un duvet clair, tandis que les herbes du Maquis – sarriette, romarin, immortelle – infusent doucement la pâte, jour après jour.

Je l'aime dans toutes ses saisons. Jeune, il est frais, végétal, presque timide. Avec le temps, il devient fondant, généreux, imprégné de paysage. Ce n'est pas un fromage qu'on fabrique à la chaîne. Il demande des mains patientes, de l'humidité juste et cette attention silencieuse qu'on n'apprend pas dans les livres.

À Taglio-Isolaccio, chaque brin du Maquis que je retourne me rappelle pourquoi je suis restée fidèle à ce métier. Parce qu'il raconte plus qu'un goût : il raconte une île, une manière d'être au monde et un lien que je partage avec fierté.

*Le plus célèbre des fromages corses !
En saison, on le travaille en trompe-l'œil :
sa forme si gourmande est reproduite à l'identique
mais, en bouche, il est si aérien qu'il se mange
comme un gâteau. J'ai imaginé cette nouvelle
manière de déguster le fromage, à savourer
en entrée, en plat ou en tapas à partager.*

BROCCIU

MOUSSE DE BROCCIU

À RÉALISER 2 JOURS AVANT

1,5 l de crème liquide
35 g de feuilles de gélatine
1,750 kg de brocciu
200 ml de lait
20 g de xanthane
2,5 g de sel

Faire bouillir la crème, puis ajouter la gélatine, préalablement ramollie dans un peu d'eau tiède, puis égouttée. Réserver 24 heures au frais.
Le lendemain, monter la crème au batteur, comme une chantilly. Dans un second bol, mixer le brocciu avec le lait, le xanthane et le sel. Détendre la pâte de fromage avec la crème montée. Réserver.

MARMELADE DE FIGUE

À RÉALISER 2 JOURS AVANT

500 g de figues
50 g de sucre en poudre
15 g de pectine NH
1,5 g d'acide citrique

Faire cuire les figues avec la moitié du sucre et laisser confire jusqu'à obtenir une texture de confiture. À texture souhaitée, ajouter le restant du sucre avec la pectine. Porter le mélange à ébullition. On cherche à obtenir une texture de confiture. Ajouter l'acide citrique, mixer et débarrasser dans un petit bac. Réserver au frais pendant 6 heures.

DRESSAGE

24 g de cerneaux de noix
Poivre noir du moulin

Étaler les cerneaux de noix dans un cercle en inox de 8 cm de diamètre. Bien les serrer, sans les superposer. Recouvrir de 7 mm de marmelade de figue. Placer le cercle au congélateur pendant 12 heures.
Dans un moule à brocciu de 10 cm de diamètre, verser la mousse brocciu aux 2/3 et ajouter 15 tours de moulin à poivre. Retirer l'insert congelé du cercle, en le chauffant avec vos mains, puis le déposer sur la mousse de brocciu. Terminer de remplir de mousse, à hauteur. Placer de nouveau le moule au congélateur pendant 12 heures.
Démouler immédiatement le brocciu à la sortie du congélateur, puis laisser décongeler au frais pendant 12 heures avant de servir.

JE SUIS JOSEPH ORSATELLI

Je m'appelle Joseph mais, ici, tout le monde m'appelle Jo. Avant même de savoir lire ou écrire, je savais déjà comment tenir un agneau sans qu'il tremble. Chez nous, le pastoralisme, ce n'est pas un métier qu'on apprend, c'est un monde dans lequel on naît.

J'ai grandi à flanc de montagne, dans les hauteurs cortenaises, entre les pierres chaudes, les clochettes des chèvres et le regard silencieux de mon père. On ne m'a jamais vraiment « enseigné » le métier de berger. J'ai simplement observé, imité, répété, jusqu'à ce que cela devienne un prolongement de moi.

Avec mes parents d'abord, puis avec mon frère, nous avons toujours cherché l'excellence, sans jamais trahir le rythme du vivant. On ne force rien. On accompagne. On observe. On écoute. Le lait n'a pas le même goût selon la pluie de la veille ou l'herbe du matin, et le fromage non plus. Aujourd'hui, un nouveau bonheur s'est ajouté : ma fille Lisa nous a rejoint dans cette aventure depuis trois ans, une évidence quand on a grandi les mains dans le lait tiède et la tête dans la brume du Maquis.

Chez les Orsatelli, on ne parle pas de transmission. On parle d'évidence. On parle de fidélité à un terroir fragile. De respect. D'amour aussi, même si on ne le dit jamais comme ça. Je suis berger. Pas par devoir. Par enracinement.

THE TEMPLE BAR
1840
THE BEST
PUB IN
DUBLIN
IRELAND

Dans cette recette, j'ai voulu mettre en valeur le chèvre corse. Travaillé comme la mousse d'un gâteau, il se tartine facilement et fond dans la bouche. Chaque fromage est roulé dans un assaisonnement différent : échalote, ciboulette, baies de myrte ou fleurs du Maquis.

CHÈVRE

MOUSSE AU CHÈVRE

À RÉALISER 2 JOURS AVANT

1,5 l de crème liquide
35 g de feuilles de gélatine
1,750 kg de fromage de chèvre
200 ml de lait
20 g de xanthane
2,5 g de sel

Faire bouillir la crème, puis ajouter la gélatine, préalablement ramollie dans un peu d'eau tiède, puis égouttée. Réserver 24 heures au frais.
Le lendemain, monter la crème au batteur, comme une chantilly.
Dans un second bol, mixer le fromage de chèvre avec le lait, le xanthane et le sel. Détendre la pâte de fromage avec la crème montée. Réserver

DRESSAGE

35 g d'assaisonnement au choix : échalote, ciboulette, herbes aromatiques, baies de myrte, piment, fleurs

Couler la mousse de chèvre dans des moules individuels en silicone. Placer la préparation au congélateur pendant 12 heures.
Démouler les fromages à la sortie du congélateur, les rouler dans l'assaisonnement choisi, puis laisser décongeler au frais pendant 12 heures avant de servir.

NOUS SOMMES AUGUSTIN ET NELLY LAZZARINI

Je suis berger depuis l'âge de 17 ans et j'ai toujours eu des chèvres corses.

J'ai appris le métier avec un vieux berger et j'ai constitué petit à petit mon troupeau...

Je n'avais pas conscience à quel point ce métier était signe de passion et de tradition et que, faute de défense du système pastoral comme véritable modèle agricole, beaucoup de savoir-faire corses se sont perdus...

J'ai rencontré Nelly il y a 25 ans et, grâce à la modernisation de notre exploitation, nous avons su diversifier notre production sans pour autant trahir nos convictions.

Notre système d'élevage est en totale cohérence avec nos valeurs, c'est-à-dire le respect de la nature, des animaux et de la biodiversité. Nos produits sont de qualité et bons pour la santé !

Notre petite exploitation familiale se compose de 250 chèvres de race corse, conduites en système pastoral extensif sur parcours et maquis, avec transhumance les mois d'été.

Les cabris sont élevés sous la mère, comme c'est le cas traditionnellement en Corse.

Notre lait d'une douceur incroyable est transformé en fromage venacais affiné deux mois, en brocciu AOP mais aussi en tommes, crottins et yaourts. Toute notre production est au lait cru.

L'élevage pastoral tel que nous le pratiquons ne permet pas la quantité mais il est le garant de la qualité de tous nos produits !

Sauvons l'élevage
Des aides justes,
pas juste des aides.
Confédération Paysanne

Ce pain à la farine de châtaigne a le goût de la Corse, mais il est travaillé au beurre de tourage, comme un croissant. On le roule façon pain au chocolat, puis on le sert grillé, pour en révéler les arômes torréfiés. Avec du foie gras ou des tapas, c'est tout simplement idéal.

PAIN FEUILLETÉ À LA CHÂTAIGNE

---

700 g de farine de châtaigne
480 g de farine de blé
10 g de sel
15 g de levure de boulanger fraîche
700 g d'eau
150 g de beurre de tourage

Dans la cuve d'un batteur muni du crochet, déposer tous les ingrédients en prenant soin que le sel ne soit pas en contact avec la levure, puis mélanger en première vitesse.
Lorsque les ingrédients sont bien mélangés, continuer de pétrir la pâte en deuxième vitesse, jusqu'à ce qu'elle se décolle des parois.
Laisser pointer la pâte à température ambiante pendant 1 heure, sous un torchon humide.
Étaler le pâton à la largeur de la plaque de beurre de tourage.
Réserver le pâton étalé au congélateur pendant 45 minutes, puis au réfrigérateur.
Réaliser un tour simple, étalé à 10 mm d'épaisseur, puis laisser reposer la pâte 10 minutes au réfrigérateur.
Réaliser ensuite un second tour simple, étalé à 10 mm d'épaisseur, puis étaler de nouveau à 6 mm d'épaisseur.
Détailler des bandes de 7 cm de largeur et de 25 cm de longueur. Les rouler afin de former des petits rouleaux serrés, les placer ensuite sur une plaque de façon que les jonctions de pâte soient en contact avec la plaque.
Appuyer légèrement sur les rouleaux pour souder les pains feuilletés.
Laisser pousser pendant 4 heures à 28 °C.
Enfourner pour 30 minutes dans un four préchauffé à 200 °C.

JE SUIS ÉRIC PETITET

Je ne suis pas fait pour les bureaux, ni pour les écrans. Ce qu'il me faut, c'est du vent dans les branches, l'odeur du bois humide et le silence des hivers. Vivre au village, c'est ma façon de rester debout. Et de défendre ce qui disparaît : la nature et les gestes anciens.

Travailler la châtaigne, c'est entrer dans un cycle complet. On entretient les châtaigneraies, on récolte le bois pour le feu, on ramasse les fruits à la main. On les fait sécher lentement, on les trie, on les moud entre deux pierres. Chaque étape réduit, affine, jusqu'à ne garder que l'essentiel : une poudre fine, douce, presque sucrée, au goût de forêt et de feu.

La farine de châtaigne, quand elle est bien faite, reflète la patience et le soin. Sa clarté vient du tri. Sa puissance vient du climat corse, de nos terres rudes et lumineuses. Et son prix, parfois, c'est l'épuisement — physique, mental. Mais aussi la fierté.

Pendant trois mois chaque année, je travaille avec François-Albert. C'est un travail difficile, presque méditatif. Peu rentable. Mais c'est un choix, celui de perpétuer. D'échapper un peu à la folie du monde. Comme on dit chez nous : « *On connaît quelqu'un quand on a partagé un sac de sel.* » Moi, je crois qu'on pourrait dire : une saison de châtaignes.

DESSERT

Les meilleurs fruits confits viennent de chez nous, c'est certain ! Ceux de la famille Santini (confiserie Saint-Sylvestre, à Soveria) sont d'ailleurs envoyés chez quelques grands noms de la chocolaterie française. Ici, on les travaille en dessert avec des agrumes frais, pour un résultat moins sucré et acidulé, idéal en fin de repas.

AGRUMES CONFITS

PÂTE D'AGRUME CONFIT

À RÉALISER LA VEILLE

750 g de pomélos confits,
500 g de cédrats confits
ou 500 g de clémentines confites
(voir recette p. 282)
Sirop de cuisson des agrumes

Mixer les quartiers d'agrumes confits jusqu'à obtenir une pâte.
Au besoin, rectifier la texture en ajoutant un peu de sirop de cuisson.

MARMELADE D'AGRUME

À RÉALISER LA VEILLE

1 l de jus de pomélo, cédrat ou clémentine
70 g de sucre en poudre
15 g d'agar-agar
250 g de pomélos, cédrats ou clémentines confits

Dans une grande casserole, chauffer le jus d'agrume, puis ajouter le sucre et l'agar-agar. Laisser refroidir à température ambiante puis réserver au frais pendant 12 heures.
À froid, mixer le mélange jusqu'à obtenir une gelée bien lisse. Ajouter les agrumes confits coupés en dés.
Pocher la marmelade dans des moules individuels en silicone en forme du fruit, pour les remplir à 80 %. Faire prendre les inserts au congélateur pendant 24 heures.

MONTAGE

À DÉMARRER LA VEILLE

Dacquoise amande et canistrelli
aux zestes d'agrumes *(voir recette p. 282)*
Eau-de-vie de pomélo, cédrat ou clémentine

Démouler les inserts de marmelade, pocher un peu de pâte d'agrume confit au fond des moules, puis déposer les inserts congelés de marmelade par-dessus. Terminer en déposant un disque de biscuit dacquoise.
Faire prendre au congélateur pendant 24 heures, démouler et recouvrir d'eau-de-vie au pistolet.

JE SUIS MARCEL SANTINI

Je m'appelle Marcel Santini et, avec ma fille Alexia, nous dirigeons la confiserie Saint-Sylvestre, à Soveria, au cœur de la Corse. Depuis des années, nous y élaborons des fruits confits 100 % naturels, dans le respect des méthodes artisanales.

Notre travail repose sur deux choses : le goût du produit bien fait et la maîtrise technique qu'exige la confiserie. Confire un fruit demande du temps, de la précision et, surtout, de la patience. C'est un savoir-faire exigeant, que nous avons choisi de défendre.

Nous sélectionnons nos fruits avec soin, souvent produits localement, puis nous les transformons lentement, sans arômes ajoutés ni conservateurs. Figues, cédrats, clémentines... Chaque fruit passe par plusieurs bains de sirop, jusqu'à trouver son équilibre entre texture et concentration.

Aujourd'hui, nos confiseries sont reconnues dans la gastronomie française, utilisées par des chefs, des pâtissiers et des maisons d'excellence telles que la manufacture Alain Ducasse. Mais ce qui compte avant tout pour nous, c'est la fidélité au produit et au terroir corse. Chaque fruit raconte une saison, une terre, un geste.

Ce n'est pas un métier de volume. C'est un métier de détail, de régularité, de passion discrète. Et tant qu'il y aura des fruits, du sucre et des gens pour les apprécier, nous continuerons.

Les fruits givrés, c'est un grand classique un peu oublié, parfait pour mettre en valeur nos beaux agrumes. On les coupe en deux, on prélève leur chair pour la travailler en sorbet, en gel, en granité… Le tout présenté dans les écorces glacées des agrumes. Une bouffée d'air frais pour les touristes qui fondent sous le soleil corse.

AGRUMES GIVRÉS

GRANITÉ D'AGRUME

À DÉMARRER LA VEILLE

500 ml de jus de pomélo, cédrat ou clémentine

Congeler le jus d'agrume pendant 12 heures, puis le mixer au Robot-Coupe® pour réaliser le granité.

GEL D'AGRUME

1 l de jus de pomélo, cédrat ou clémentine
70 g de sucre en poudre
15 g d'agar-agar

Dans une grande casserole, chauffer le jus d'agrume, puis ajouter le sucre et l'agar-agar.
Laisser refroidir la préparation à température ambiante, puis réserver au réfrigérateur pendant 12 heures.
À froid, mixer la préparation jusqu'à obtenir une gelée bien lisse.

RÉDUCTION DE JUS DE CLÉMENTINE

POUR LA CLÉMENTINE GIVRÉE UNIQUEMENT

Le jus de 5 clémentines

Faire réduire le jus des clémentines jusqu'à obtenir d'un sirop.

SORBET AGRUME

200 g d'eau
50 g de sucre en poudre
1 l de jus de pomélo, cédrat ou clémentine

Réaliser un sirop avec l'eau et le sucre.
Hors du feu, ajouter le jus d'agrume.
Verser la préparation dans la sorbetière et faire turbiner pendant 20 minutes.

MONTAGE

4 pomélos, cédrats ou clémentines
Zestes de 5 pomélos, cédrats ou clémentines cuits dans leur jus (*voir recette p. 283*)

Couper les agrumes en 2, les vider par l'intérieur, puis les congeler.
Dresser le sorbet à l'intérieur des agrumes vidés, puis le gel, la réduction (si vous réalisez des clémentines givrées) et une cuillère de zestes d'agrumes en poudre.
Terminer par le granité et une cuillère de zestes d'agrumes en poudre sur le dessus.

NOUS SOMMES LA FAMILLE PICHOT

Je m'appelle Marc et je cultive les terres familiales depuis 1989, à Aléria. J'ai d'abord planté des clémentiniers, des pomélos et des pruniers. Les années m'ont appris à m'adapter : le pomélo a pris son envol, les prunes moins… alors j'ai diversifié mes cultures, toujours guidé par le bon sens paysan et le respect de la terre.

En 2001, j'ai eu l'opportunité de reprendre une partie des terres de mon père. J'y ai cultivé des kiwis et, plus tard, de l'immortelle. J'avais déjà en tête une vision claire : celle d'une agriculture multiple, souple, ancrée dans son environnement.

Depuis 2010, je suis engagé dans l'agriculture biologique. Toutes mes cultures — kiwis, pomélos, clémentines — sont certifiées Ecocert et labellisées IGP clémentines de Corse et IGP pomélos de Corse. Aujourd'hui, avec ma femme Valérie et mon fils Baptiste, nous voulons aller encore plus loin. Mieux connaître nos produits et les cueillir à leur maturité optimale, pour révéler toute la richesse de leurs saveurs. Nous inscrire dans une démarche respectueuse de la biodiversité, moins impactante pour l'environnement, plus juste pour le consommateur.

Parce que, en fin de compte, mon métier, c'est ça : accompagner la nature, écouter les arbres et offrir des fruits qui parlent du soleil, du sol et d'un territoire qui m'a vu grandir.

Cette bûche de Noël en trompe-l'œil met à l'honneur deux trésors corses : le canistrelli et la châtaigne. Une véritable célébration gourmande de notre île pour les fêtes !

BÛCHE CANISTRELLI CHÂTAIGNE

GANACHE MONTÉE À LA CHÂTAIGNE

À RÉALISER LA VEILLE

350 g de ganache montée (*voir recette p. 283*)
50 g de poudre de châtaigne torréfiée
100 ml de lait

Mixer le lait avec la poudre de châtaigne torréfiée.
Détendre la ganache montée avec le lait à la châtaigne.
Réserver au frais.

GEL DE CHÂTAIGNE ET CANISTRELLI

À RÉALISER LA VEILLE

250 ml de lait
8 g de sucre en poudre
100 g de poudre de châtaigne torréfiée
25 g de canistrelli torréfiés

Mixer le lait avec le sucre, la poudre de châtaigne torréfiée et les canistrelli.
Réserver au frais.

BISCUIT CHÂTAIGNE ET CANISTRELLI

À RÉALISER LA VEILLE

3 blancs d'œufs
25 g de sucre en poudre
100 g de poudre de châtaigne torréfiée
25 g de poudre de canistrelli
15 g de farine de châtaigne
70 g de sucre glace

Monter les blancs d'œufs en neige puis ajouter le sucre en poudre. Continuer de fouetter jusqu'à obtenir une texture ferme.
Ajouter la poudre de châtaigne torréfiée, la poudre de canistrelli, la farine de châtaigne et le sucre glace.
Étaler la pâte sur une plaque à pâtisserie, sur 1 cm d'épaisseur.
Enfourner pour 10 minutes dans un four préchauffé à 170 °C.

MONTAGE

À RÉALISER LA VEILLE

300 g de praliné châtaigne et canistrelli (*voir recette p. 283*)

Déformer un cercle en inox de 20 cm de diamètre et de 4,5 cm de hauteur, pour lui faire prendre une forme ovale.
Couler le praliné au fond du cercle, sur 1 cm d'épaisseur.
Déposer le biscuit par-dessus, puis le recouvrir avec le gel et la ganache montée à la châtaigne pour lisser à hauteur.
Faire prendre au congélateur pendant 24 heures.
Le lendemain, se munir d'un moule canistrelli A Casaluna et pocher la ganache montée à la moitié du moule. Lisser la ganache à l'aide d'une spatule pour qu'elle recouvre bien les bords.
Démouler l'insert et l'enfoncer dans la ganache.
Recouvrir le tout de ganache et lisser à hauteur.
Réserver de nouveau au congélateur pendant 24 heures.

ENROBAGE

À RÉALISER AU DERNIER MOMENT

500 g d'enrobage au chocolat (*voir recette p. 283*)
25 g de crème de châtaigne

Démouler l'entremets et l'enrober sur les côtés uniquement. Lisser avec de la crème de châtaigne pour remplir les incrustations du canistrelli.

JE SUIS FRANÇOIS-ALBERT BERNARDI

Je suis devenu castanéiculteur à l'automne 2023, presque par hasard. Je voulais d'abord simplement entretenir les châtaigneraies que la famille Ciattoni avait sorties du Maquis, à force de patience et de sueur. Puis, très vite, j'ai compris que ce métier-là ne se faisait pas à moitié.

Le châtaignier est un arbre ancien, majestueux, exigeant. Ici, à Mazzola, certains ont plus de 300 ans. Ils portent une mémoire, un rythme, un souffle. Et la châtaigne, leur fruit discret, est devenue ma passion.

Avec Michel Ciattoni à mes côtés, j'ai appris chaque geste : la récolte à la main, le tri minutieux, le séchage lent au feu de bois de châtaignier, comme le veut notre AOP. Rien n'est laissé au hasard. Tout compte : le fruit, le terroir, la fumée, la mouture.

Notre farine de châtaigne, fine, douce, sans amertume, est unique. Elle se travaille comme une poudre d'or : sans additifs, sans artifices. Elle est naturellement sans gluten et trouve sa place aussi bien dans les recettes traditionnelles que dans une cuisine moderne et engagée.

Les arbres souffrent du climat, du retour du Maquis, de la négligence. Mais on ne baisse pas les bras. On avance. Parce que ce savoir-faire mérite d'être transmis, parce que ce goût mérite d'être défendu.

Et parce que, en Corse, un arbre peut nourrir une vallée et une farine raconter toute une terre.

En rencontrant Alain Ducasse, j'ai découvert le meilleur café au monde et ça m'a fasciné. Je voulais absolument utiliser cette merveille dans l'une de mes créations. De là est née cette coupe glacée qui associe le café, les agrumes corses et la cascara, la pulpe séchée de la cerise de café, un produit étonnant aux notes de poire.

CAFÉ AGRUMES

GLACE BLANCHE AU CAFÉ

À DÉMARRER 2 JOURS AVANT

500 ml de lait
125 g de crème liquide
150 g de sucre en poudre
100 g de café en grains

Faire chauffer le lait et la crème avec le sucre, puis incorporer les grains de café et laisser infuser pendant 48 heures.
Passer la préparation au chinois, verser dans la sorbetière et faire turbiner pendant 20 minutes.

GRANITÉ DE CASCARA

À RÉALISER LA VEILLE

500 ml d'eau
125 g de cascara

Mixer l'eau avec le cascara, puis passer la préparation au chinois.
Réserver au congélateur pendant 24 heures, puis le mixer au Robot-Coupe® pour réaliser un granité.

GEL DE CAFÉ

250 g d'expresso
5 g de sucre en poudre
2 g d'agar-agar

Dans une grande casserole, chauffer l'expresso, puis ajouter le sucre et l'agar-agar.
Laisser refroidir la préparation à température ambiante, puis réserver au réfrigérateur pendant 12 heures.
À froid, mixer jusqu'à obtenir une gelée bien lisse.

GLACE AU CAFÉ

500 ml de lait
125 g de crème liquide
100 g de café en grains
150 g de sucre en poudre

Faire bouillir le lait avec la crème, puis mixer le tout avec les grains de café.
Passer la préparation au chinois, puis la verser sur le sucre.
Verser dans la sorbetière et faire turbiner pendant 20 minutes.

PRALINÉ AU CAFÉ ET AGRUMES

80 g de noisettes
20 g de sucre en poudre
25 g de brisures de canistrelli aux agrumes
(*voir recette p. 282*)
20 g de café en poudre
2 g de fleur de sel

Torréfier les noisettes pendant 15 minutes dans un four préchauffé à 165 °C.
Cuire le sucre dans une casserole jusqu'à l'obtention d'un caramel blond.
Laisser refroidir le caramel à température ambiante sur une plaque recouverte de papier cuisson.
À froid, mixer tous les ingrédients jusqu'à obtenir une pâte de praliné.

DRESSAGE

Zestes de 1 cédrat, 1 orange,
1 clémentine et 1 pomélo cuits dans leur jus
(*voir recette p. 283*)
Quelques grains de café

Dans des coupes à glace individuelles, déposer quelques points de gel de café.
Ajouter une cuillerée de chaque glace et parsemer de petits points de praliné.
Terminer par les zestes d'agrumes en poudre, quelques grains de café fraîchement moulus et le granité de cascara.

De ce biscuit sec emblématique de Corse, on a fait un dessert léger et frais. On en a repris la forme et le goût : praliné à la noisette et éclats de biscuit, dacquoise à la poudre de canistrelli, cœur coulant infusé au canistrelli torréfié... Le tout roulé dans sa propre poudre, pour une illusion parfaite.

CANISTRELLI NOISETTE

GANACHE MONTÉE INFUSÉE AUX CANISTRELLI

À RÉALISER LA VEILLE

200 g de crème liquide
40 g de poudre de canistrelli
50 g de chocolat blanc
1 feuille de gélatine

Chauffer la crème avec la poudre de canistrelli. Verser le mélange sur la gélatine et le chocolat blanc. Mélanger délicatement jusqu'à ce que le chocolat blanc soit intégralement fondu. Passer au chinois, puis réserver au frais pendant 12 heures.
Le lendemain, verser la préparation dans la cuve d'un batteur et fouetter la ganache pendant 3 minutes pour obtenir une ganache montée.

GEL DE CANISTRELLI

À RÉALISER LA VEILLE

200 ml de lait
6 g de sucre en poudre
80 g de canistrelli (*voir recette p. 282*)

Mixer le lait avec le sucre et les canistrelli. Réserver au frais.

DACQUOISE NOISETTE ET CANISTRELLI

À RÉALISER LA VEILLE

2 blancs d'œufs
20 g de sucre en poudre
60 g de poudre de noisette
20 g de poudre de canistrelli
80 g de sucre glace

Monter les blancs d'œufs en neige puis ajouter le sucre en poudre. Continuer de fouetter jusqu'à obtenir une texture ferme. Ajouter la poudre de noisette, la poudre de canistrelli et le sucre glace. Étaler la pâte sur une plaque à pâtisserie, sur 1 cm d'épaisseur. Enfourner pour 10 minutes dans un four préchauffé à 170 °C.

MONTAGE

À DÉMARRER LA VEILLE

250 g de praliné noisette et canistrelli (*voir recette p. 283*)
500 g d'enrobage au chocolat (*voir recette p. 283*)
24 demi-noisettes
200 g de poudre de canistrelli

Déformer 8 cercles en inox de 6,5 cm de diamètre pour leur faire prendre une forme ovale. Couler le praliné au fond des cercles, sur 1 cm d'épaisseur. Déposer par-dessus le biscuit, puis le recouvrir avec le gel et la ganache montée aux canistrelli. Faire prendre au congélateur pendant 24 heures.
Le lendemain, démouler les entremets et les enrober sur les côtés uniquement.
Poser des demi-noisettes sur le dessus, de manière irrégulière. Saupoudrer avec de la poudre de canistrelli.

JE SUIS JEAN FENECH

Je m'appelle Jean et, avec mon frère François, je fais vivre la biscuiterie d'Afa, une maison de famille avant d'être une entreprise. Tout a commencé avec notre grand-mère Paulette — *la minnà* — qui préparait des canistrelli pour accueillir ses invités. Sa cuisine sentait le vin blanc, l'anis, la farine et les amandes grillées au soleil.

Plus tard, notre père Alfred et son frère Carmel ont eu l'intuition d'en faire un métier. Ils ont transformé ses recettes en projet, sans jamais trahir l'esprit de départ : celui du partage, de la simplicité, de l'authenticité.

Aujourd'hui, c'est à notre tour de perpétuer ce savoir-faire, avec le même respect du geste et du goût. Nos canistrelli sont fabriqués avec amour, dans notre atelier d'Afa, selon les recettes traditionnelles. À l'anis, au citron, à la châtaigne, au vin blanc, aux amandes ou à la figue, chaque parfum est un morceau de l'île. Chaque bouchée évoque un maquis en fleurs, une pause à l'ombre d'un figuier, un souvenir d'enfance.

Ce biscuit sec, simple en apparence, est bien plus qu'une gourmandise. C'est une part de notre identité, un lien doux entre générations. Et si aujourd'hui nos canistrelli franchissent les frontières, ils portent en eux une promesse : celle d'une Corse sincère, chaleureuse et vivante.

afa
BISCUITERIE

Le cédrat de mon île est particulièrement réputé. Sous sa peau bosselée, sa pulpe est presque anecdotique. Ici, il vient rafraîchir un dessert au chocolat noir de la manufacture Alain Ducasse. Un accord gourmand et fruité à goûter au moins une fois dans sa vie.

CHOCOLAT CÉDRAT

GLACE AU CHOCOLAT

350 ml de lait
80 g de crème liquide
100 g de sucre en poudre
7 g de cacao en poudre
65 g de chocolat noir à 75 %

Faire bouillir le lait avec la crème, puis le verser sur le sucre, le cacao en poudre et le chocolat. Verser dans la sorbetière et faire turbiner pendant 20 minutes.

SORBET CÉDRAT

50 g d'eau
10 g de sucre en poudre
250 ml de jus de cédrat centrifugé

Réaliser un sirop avec l'eau et le sucre.
Hors du feu, ajouter le jus de cédrat.
Verser la préparation dans la sorbetière et faire turbiner pendant 20 minutes. Réserver.

PRALINÉ AU CHOCOLAT

80 g de noisettes
20 g de sucre en poudre
20 g de grué de cacao
2 g de fleur de sel
25 g de brisures de canistrelli
(voir recette p. 282)

Torréfier les noisettes pendant 15 minutes dans un four préchauffé à 165 °C.
Cuire le sucre dans une casserole jusqu'à l'obtention d'un caramel blond.
Laisser refroidir le caramel à température ambiante sur une plaque recouverte de papier cuisson.
À froid, mixer tous les ingrédients jusqu'à obtenir une pâte de praliné.

DRESSAGE

300 g de gel de cédrat *(voir recette p. 205)*
Chocolat noir à 75 %
Zestes de 2 cédrats cuits dans leur jus
(voir recette p. 283)
Fleur de sel

Dans un bol, disposer des points de gel de cédrat.
Servir une cuillerée de glace au chocolat et une cuillerée de sorbet cédrat. Parsemer de petits points de praliné.
Terminer par le chocolat noir juste râpé, les zestes de cédrats en poudre et la fleur de sel.

Le chocolat, en dessert, c'est incontournable. Je l'associe à l'herba-barona, un thym sauvage qui ne pousse qu'en Corse, en altitude. Son parfum est complexe, profond. Pour ce dessert, j'ai la chance d'utiliser le chocolat de la manufacture Alain Ducasse – mon préféré. L'essence du Maquis dans un dessert unique.

CHOCOLAT THYM

GEL DE CACAO

À RÉALISER LA VEILLE

70 g d'eau
7 g de sucre en poudre
18 g de cacao en poudre
1 g d'agar-agar

Dans une grande casserole, porter l'eau à ébullition, puis ajouter le sucre, le cacao en poudre et l'agar-agar. Laisser refroidir la préparation à température ambiante, puis réserver au réfrigérateur pendant 12 heures.
À froid, mixer la préparation jusqu'à obtenir une gelée bien lisse.

GAVOTTE AU CHOCOLAT

200 g d'eau
20 g de beurre
2 g de sel
30 g de sucre glace
12 g de cacao en poudre
10 g de farine T55
2 g de fécule de pomme de terre
1 blanc d'œuf

Faire bouillir l'eau avec le beurre et le sel.
Dans un grand bol, mélanger le sucre glace avec le cacao en poudre, la farine, la fécule et les blancs d'œufs.
Combiner les deux préparations, puis étaler finement la pâte sur une plaque à pâtisserie, de l'épaisseur d'une tuile.
Enfourner pour 14 minutes dans un four préchauffé à 170 °C.
Laisser refroidir puis la casser en morceaux. Réserver.

SORBET HERBA-BARONA

100 g d'eau
30 g de sucre en poudre
50 g de jus de citron
15 g de thym de Corse (herba-barona)

Dans une grande casserole, chauffer l'eau et le sucre.
Ajouter ensuite le jus de citron et l'herba-barona.
Mixer longuement, puis passer au chinois.
Verser la préparation dans la sorbetière et faire turbiner pendant 20 minutes.

DRESSAGE

550 g de glace au chocolat
(*voir recette p. 221*)
150 g de praliné au chocolat
(*voir recette p. 221*)
Thym de Corse (herba-barona)

Dans un bol, disposer des points de gel de cacao.
Servir une cuillère de glace au chocolat et une cuillère de sorbet herba-barona.
Ajouter quelques morceaux de praliné au chocolat et recouvrir de tuiles de gavotte et de thym de Corse.

Dans ce dessert, deux trésors offerts par mon île en hiver. La nature faisant bien les choses, ils se marient à merveille : les notes finement acidulées de la clémentine de Corse réveillent parfaitement la rondeur de la châtaigne.

CLÉMENTINE CHÂTAIGNE

MARMELADE DE CLÉMENTINE

À RÉALISER LA VEILLE

200 ml de jus de clémentine
12 g de sucre en poudre
3 g d'agar-agar
60 g de clémentines confites
(*voir recette p. 282*)

Dans une grande casserole, chauffer le jus de clémentine, puis ajouter le sucre et l'agar-agar.
Laisser refroidir la préparation à température ambiante, puis réserver au réfrigérateur pendant 12 heures.
À froid, mixer la préparation jusqu'à obtenir une gelée bien lisse.
Ajouter les clémentines confites coupées en dés.

SORBET CLÉMENTINE

50 g d'eau
10 g de sucre en poudre
250 ml de jus de clémentine

Réaliser un sirop avec l'eau et le sucre.
Hors du feu, ajouter le jus de clémentine.
Verser la préparation dans la sorbetière et faire turbiner pendant 20 minutes. Réserver.

BISCUIT CHÂTAIGNE ET CANISTRELLI

À RÉALISER LA VEILLE

3 blancs d'œufs
25 g de sucre en poudre
100 g de poudre de châtaigne torréfiée
25 g de poudre de canistrelli
15 g de farine de châtaigne
70 g de sucre glace

Monter les blancs d'œufs en neige puis ajouter le sucre en poudre. Continuer de fouetter jusqu'à obtenir une texture ferme.
Ajouter la poudre de châtaigne torréfiée, la poudre de canistrelli, la farine de châtaigne et le sucre glace.
Étaler la pâte sur une plaque à pâtisserie, sur 1 cm d'épaisseur. Enfourner pour 10 minutes dans un four préchauffé à 170 °C.

MOUSSE DE CHÂTAIGNE

200 ml de crème liquide
40 g de poudre de châtaigne torréfiée

Mélanger la crème liquide bien froide avec la poudre de châtaigne torréfiée.
À froid, monter au batteur, comme une chantilly.

RÉDUCTION DE CLÉMENTINE

500 ml de jus de clémentine

Mettre le jus de clémentine à cuire et le faire réduire jusqu'à obtenir un sirop.

DRESSAGE

Dans un bol, disposer des points de marmelade de clémentine. Servir une cuillère de sorbet clémentine et une cuillère de mousse de châtaigne. Ajouter quelques gouttes de réduction de clémentine et terminer par des morceaux de biscuits.

Les plus beaux agrumes de Corse en une seule cuillère... Le pomélo, d'abord, avec sa chair rose sans amertume. Puis la clémentine, intensément orange et merveilleusement acidulée.
Et enfin le cédrat, d'un blanc de nacre, subtilement fruité. Le tout arrosé d'une vinaigrette réalisée avec le jus des trois agrumes et montée à l'huile d'olive.

COUPE GIVRÉE D'AGRUMES

SORBET POMÉLO

400 g d'eau
300 g de sucre en poudre
1 l de jus de pomélo

Réaliser un sirop avec l'eau et le sucre. Hors du feu, ajouter le jus de pomélo. Verser la préparation dans la sorbetière et faire turbiner pendant 20 minutes.

SORBET CLÉMENTINE

400 g d'eau
300 g de sucre en poudre
1 l de jus de clémentine

Réaliser un sirop avec l'eau et le sucre. Hors du feu, ajouter le jus de clémentine. Verser la préparation dans la sorbetière et faire turbiner pendant 20 minutes.

SORBET CÉDRAT

400 g d'eau
300 g de sucre en poudre
1 l de jus de cédrat centrifugé

Réaliser un sirop avec l'eau et le sucre. Hors du feu, ajouter le jus de cédrat centrifugé. Verser la préparation dans la sorbetière et faire turbiner pendant 20 minutes.

VINAIGRETTE AUX AGRUMES

250 ml de jus de cédrat centrifugé
250 ml de jus de clémentine
250 ml de jus de pomélo
25 g d'huile d'olive

Dans une grande casserole, faire bouillir les jus des trois agrumes ensemble et faire réduire le volume de moitié. Faire refroidir le jus réduit des agrumes et perler à l'huile d'olive.

DRESSAGE

Servir 1 cuillerée de chaque sorbet dans des coupes à glace individuelles.
Arroser avec un peu de vinaigrette aux agrumes.
Servir sans attendre.

Dans cette coupe, toutes les herbes du Maquis se découvrent, une cuillère après l'autre : menthe, thym, romarin, népita – cette plante corse au parfum singulier, quelque part entre la menthe et la marjolaine. Au restaurant, nos clients adorent les identifier à l'aveugle.

COUPE GIVRÉE D'HERBES

SORBETS BASILIC, VERVEINE ET MENTHE

1,5 kg d'eau
225 g de sucre en poudre
36 g de jus de citron
12 g de basilic
12 g de verveine
12 g de menthe

Réaliser 3 sirops avec 500 g d'eau et 75 g de sucre chacun.
Les laisser refroidir, puis ajouter 12 g de jus de citron à froid dans chacun des sirops.
Ajouter enfin les herbes aromatiques : le basilic dans l'un, la verveine dans le deuxième, la menthe dans le troisième.
Mixer les préparations et les passer au chinois.
Faire turbiner chaque sorbet pendant 20 minutes dans une sorbetière.

SORBETS NÉPITA, THYM ET ROMARIN

1,5 kg d'eau
375 g de sucre en poudre
750 g de jus de citron
75 g de népita
75 g de thym
75 g de romarin

Réaliser 3 sirops avec 500 g d'eau et 125 g de sucre chacun.
Les laisser refroidir, puis ajouter 250 g de jus de citron à froid dans chacun des sirops.
Ajouter enfin les herbes aromatiques : la népita dans l'un, le thym dans le deuxième, le romarin dans le troisième.
Mixer les préparations et les passer au chinois.
Faire turbiner chaque sorbet pendant 20 minutes dans une sorbetière.

DRESSAGE

Servir 1 cuillerée de chaque sorbet dans des coupes à glace individuelles.
Servir sans attendre.

JE SUIS FRANCESCA DESIDERI

Sò Francesca Desideri, ùn sò nè buttanista nè menu scentifica. Sò Francesca, nata in un paese induve l'erbe vi curanu è vi facenu campà. Sò i mei Chi m'anu insignatu stu sapè, elli Chi sapìanu ma senza scrive.

À a mo ritirata aghju capitu Chi tuttu stu sapè si n'endava, allora aghju cuminciatu à tramandà lu : scrittu un libru, dò capu à parechje manifestazione induve spiecu à manera Di ricunosce, Di siccà, preparà e piante di u nostru rughjone, Di quelle chi facenu prò è ancu quelle Chi anu e so limite.

Ùn sò micca tuttu ma u mo sapè u sparte vulenteri, u mo fratellu mi chjama « L'herborigène » è à me mi cunvene bè : vi parlu di e piante i pedi in a terra, e mane piene di gesti à usu anticu.

Vogliu ghjustu Chi stu sapè si fermassi sempre vivu è cuntinuà quì cume in altrò à fidighjà l'erbe altrimente.

Je ne suis ni botaniste ni scientifique. Je suis Francesca, née dans un village où les herbes soignaient autant qu'elles nourrissaient. Ce que je sais, je le tiens de ma mère, mon père le berger et mes grandes sœurs, de ceux qui savaient sans écrire. À la retraite, j'ai vu ces savoirs s'effacer. Alors j'ai commencé à les transmettre : j'écris, j'anime des stages, j'explique comment reconnaître, sécher, préparer les plantes du Maquis — leurs bienfaits, mais aussi leurs limites.

Je ne sais pas tout. Mais ce que je sais, je le donne. Mon frère m'appelle « L'herborigène ». Ça me va : je parle des plantes les pieds dans la terre, les mains pleines de gestes anciens.

Je veux juste que ces connaissances restent vivantes. Et que l'on continue, ici comme ailleurs, à regarder les herbes autrement.

STAUB
STAUB

Le fiadone, c'est le gâteau emblématique à base de brocciu et de zestes de citron. Au restaurant, on le cuit pendant le service pour qu'il arrive tiède à table. Je le caramélise minute, devant nos clients, avec un fer en fonte. On ne sait jamais, ça peut toujours servir.

FIADONE CARAMÉLISÉ

---

7 œufs
500 g de brocciu
150 g de sucre en poudre
60 g d'eau-de-vie de raisin
Zestes râpés de 3 citrons

Dans un grand bol, mixer l'ensemble des ingrédients au mixeur plongeant.
Couler l'appareil à *fiadone* dans des petites cassolettes de 12 cm de diamètre.
Enfourner pour 30 minutes dans un four préchauffé à 180 °C.
À la sortie du four, laisser refroidir les *fiadones* jusqu'à ce qu'ils soient tièdes.
Les recouvrir de sucre, puis les passer à la fonte (ou au chalumeau, à défaut) pour les caraméliser.

Un bouquet de fleurs d'immortelle, emblème solaire de la Corse, pochées à la main en hommage à Cedric Grolet – maître des fruits et des fleurs, qui m'a enseigné la précision du geste en pâtisserie et la puissance du détail.

FLEUR D'IMMORTELLE

MARMELADE DE CITRON

À RÉALISER LA VEILLE

1 l de jus de citron avec le zeste
100 g de fleurs d'immortelle séchées
70 g de sucre en poudre
15 g d'agar-agar
250 g de citrons confits (*voir recette p. 282*)

Dans une grande casserole, chauffer le jus de citron avec les fleurs d'immortelle, puis ajouter le sucre et l'agar-agar.
Passer la préparation au chinois.
Laisser refroidir à température ambiante puis réserver au frais pendant 12 heures.
À froid, mixer le mélange jusqu'à obtenir une gelée bien lisse. Ajouter les citrons confits coupés en dés.
Pocher la marmelade dans des moules en silicone en forme de sphères de 2,5 cm.
Faire prendre les inserts au congélateur pendant 24 heures.

ENROBAGE JAUNE

20 g de chocolat blanc
200 g de beurre de cacao
4 g de colorant jaune au curcuma

Faire fondre le beurre de cacao, puis le verser sur le chocolat blanc en morceaux.
Bien mélanger pour que le chocolat fonde entièrement, puis ajouter le colorant au curcuma.

MOUSSE D'IMMORTELLE

1 l de crème liquide
200 g de fleurs d'immortelle séchées

Faire chauffer la crème avec les fleurs d'immortelle, mixer le tout, puis passer la préparation au chinois.
Laisser refroidir la crème au réfrigérateur pendant 12 heures.
À froid, monter au batteur, comme une chantilly.

MONTAGE

Dacquoise amande et canistrelli aux zestes de citrons (*voir recette p. 282*)

Démouler les inserts de marmelade de citron congelés et les plonger dans l'enrobage chaud à l'aide de pics en bois.
Pocher ensuite la mousse d'immortelle, tout autour des sphères, en forme de fleurs.
Réserver les fleurs d'immortelles pochées au congélateur, pendant 30 minutes.
À la sortie du congélateur, floquer les fleurs avec l'enrobage jaune à l'aide d'un pistolet.
Déposer les fleurs sur un disque de dacquoise de 10 cm de diamètre en les fixant avec un peu de marmelade de citron.
Laisser décongeler l'entremets pendant 12 heures au réfrigérateur

JE SUIS PAUL MORETTI

« Au parfum de son maquis, de loin, les yeux fermés, je reconnaîtrais la Corse. »

Cette phrase que l'on attribue à Napoléon, je la comprends dans ma chair. Car, si un parfum incarne ce Maquis, c'est bien celui de l'immortelle — cette plante dorée au toucher sec, mais au cœur puissant.

En 2013, je voulais me lancer dans la châtaigne. Mais le cynips, ce parasite venu de Chine, ravageait les vergers et il n'y avait aucun soutien pour s'installer. Alors, je me suis tourné vers une autre richesse de nos terres : l'immortelle, que je connaissais depuis l'enfance, présente partout sur nos pentes, du bord de mer jusqu'aux collines de Tralonca.

Au début, je la récoltais à l'état sauvage, puis j'ai appris à la cultiver, sans jamais forcer sa nature. Résistante, sobre en eau, presque sans parasites, elle se plaît là où le Maquis respire.

Aujourd'hui, je produis des huiles essentielles avec mes enfants, Pierre-François et Marie. Marie, en fin d'études de pharmacie, rêve déjà de crèmes et de baumes. L'histoire ne fait que commencer.

L'immortelle porte bien son nom. Elle garde son parfum longtemps après la cueillette. Et parfois, on l'utilise même... en glace, oui. Mais avant tout, elle soigne, elle assainit, elle évoque la Corse comme peu d'autres plantes. Et moi, je me contente de l'écouter, de la transformer, de la transmettre.

Un cheesecake 100 % nustrale : canistrelli, brocciu et miel du Maquis. Eviva a Corsica !

GÂTEAU AU MIEL DU MAQUIS ET BROCCIU

FOND DE TARTE COMME UN CANISTRELLI

200 g de farine
85 g de sucre en poudre
70 g d'huile de pépins de raisin
55 g de vin blanc
3 g de levure chimique
5 g de sel

À DÉMARRER LA VEILLE

Dans un grand bol, mélanger tous les ingrédients jusqu'à l'obtention d'une pâte homogène. Réserver au frais pendant 12 heures.
Le lendemain, étaler la pâte à 1 cm d'épaisseur. Découper une bande de pâte de 4,5 cm de large et de 38 cm de long.
Chemiser l'intérieur d'un cercle de 12 cm avec une feuille de papier cuisson, enrouler la bande de pâte sur les bords intérieurs du cercle, puis déposer un cercle de 11 cm à l'intérieur, pour l'emprisonner.
Recouvrir d'une plaque de cuisson, enfourner pour 20 minutes dans un four préchauffé à 180 °C.
Laisser les bords de la tarte refroidir et retirer uniquement le cercle de 11 cm.
Étaler le reste de la pâte à 1 cm d'épaisseur et découper un fond de tarte à l'aide du cercle en inox de 11 cm.
Enfourner le fond de tarte, dans le cercle en inox, pour 20 minutes à 180 °C.
Pour réaliser l'arlette, étaler un peu de pâte à canistrelli dans un moule en forme d'alvéoles d'abeilles. Enfourner pour 2 à 5 minutes à 160 °C, laisser refroidir 30 secondes à la sortie du four, puis démouler l'arlette.

APPAREIL AU BROCCIU

400 g de brocciu
75 g de sucre en poudre
2 œufs
1 jaune d'œuf
15 g de farine de blé
Le zeste râpé de 1 citron jaune
60 g de crème liquide

Dans la cuve d'un batteur muni du fouet, battre le brocciu pendant 30 secondes.
Ajouter ensuite les ingrédients les uns après les autres.
Terminer par la crème liquide, en battant juste assez pour l'incorporer à la pâte.

MONTAGE

200 g de miel d'arbousier du Maquis

Déposer le fond de tarte au centre du cercle de canistrelli, encore maintenu par le cercle.
Sur le fond de tarte précuit, verser l'appareil au brocciu et enfourner pour 1 heure à 100 °C.
Éteindre le four et laisser le gâteau dedans pendant 1 heure, la porte du four juste entrouverte.
Couler par-dessus le miel d'arbousier, à hauteur.
Terminer en déposant l'arlette alvéolée.

JE SUIS ANNET PAOLI

Je m'appelle Annet, je viens des Pays-Bas et cela fait plus de vingt-six ans que j'ai posé mes valises — et mon cœur — à Salice. J'y suis arrivée par amour, celui que je porte à Jean-Christophe, rencontré en Tunisie, et que j'ai suivi jusqu'à ce village corse qu'il ne pouvait quitter.

Au début, la vie ici m'a un peu déroutée. Le silence, le temps qui s'étire, la montagne immobile... Je venais d'un monde plus rapide. Mais, peu à peu, entre nos quatre enfants et les travaux de la ferme, j'ai trouvé un rythme, un souffle. L'apiculture est devenue mon refuge. Un moment à moi, suspendu, où l'on écoute plus qu'on ne parle.

Depuis vingt ans, je produis des miels aux visages changeants, au fil des saisons. Celui qui me fascine le plus, c'est le miel d'arbousier, récolté au cœur de l'hiver, quand la nature se fait rare et que la ruche respire lentement. Son goût est brut, puissant, amer — il ne cherche pas à plaire, mais il marque. Les chefs et les pâtissiers l'adorent.

Ce miel est un peu comme moi : inattendu, venu d'ailleurs, et pourtant profondément enraciné ici. C'est mon lien intime avec cette terre, sauvage, exigeante, généreuse.

Je voulais faire un millefeuille entre la France, l'Italie et la Corse. Résultat : une crème pâtissière bien française, un panettone généreusement italien et des fruits confits de mon île !

MILLEFEUILLE DE PANETTONE

PANETTONE GRILLÉ

1 panettone congelé

Couper le panettone congelé à la trancheuse, puis le griller au grille-pain.

MARMELADE D'AGRUMES

2 pomélos
2 citrons jaunes
2 oranges

Prélever les zestes d'agrumes à l'économe et presser le jus des agrumes.
Blanchir les zestes dans un départ d'eau froide.
Répéter l'opération 5 fois.
Faire ensuite cuire à feu doux les zestes dans le jus des agrumes, à hauteur, jusqu'à obtenir un sirop épais.

CRÈME À LA VANILLE

250 ml de lait
1 gousse de vanille
2 jaunes d'œufs
50 g de sucre en poudre
12 g de farine
50 g de beurre
25 g de mascarpone
1 feuille de gélatine

Dans une casserole, faire bouillir le lait avec la vanille grattée.
Dans un grand bol, fouetter les jaunes d'œufs avec le sucre et la farine.
Verser le lait chaud sur le mélange, fouetter, puis reverser le tout dans la casserole et cuire jusqu'à ébullition.
Mixer ensuite avec le beurre, le mascarpone et la feuille de gélatine préalablement ramollie dans un peu d'eau froide.

MONTAGE

Dresser le dessert comme un millefeuille, en alternant les couches de panettone, de marmelade d'agrumes et de crème à la vanille.

En France, vous avez le mont Blanc, mais nous aussi, on a des montagnes ! Le Monte Cinto est la plus haute montagne de Corse. On a réalisé un dessert qui reproduit sa forme, garni de châtaignes et de clémentines de chez nous.

MONTE CINTO

BISCUIT CHÂTAIGNE ET CANISTRELLI

À RÉALISER 2 JOURS AVANT

3 blancs d'œufs
25 g de sucre en poudre
100 g de poudre de châtaigne torréfiée
25 g de poudre de canistrelli
15 g de farine de châtaigne
70 g de sucre glace

Monter les blancs d'œufs en neige puis ajouter le sucre en poudre. Continuer de fouetter jusqu'à obtenir une texture ferme. Ajouter la poudre de châtaigne torréfiée, la poudre de canistrelli, la farine de châtaigne et le sucre glace.
Étaler la pâte sur une plaque à pâtisserie, sur 1 cm d'épaisseur. Enfourner pour 10 minutes dans un four préchauffé à 170 °C.

MARMELADE DE CLÉMENTINE

À RÉALISER 2 JOURS AVANT

Voir recette p. 225
(en divisant les quantités par 2)

Couler la marmelade à 3/4 dans des moules en silicone en forme de pyramides, puis déposer sur le dessus des petits morceaux de biscuit à la châtaigne.
Faire prendre au congélateur pendant 12 heures.

MOUSSE DE CHÂTAIGNE

À RÉALISER LA VEILLE

200 ml de crème liquide
40 g de poudre de châtaigne torréfiée

Mélanger la crème liquide bien froide avec la poudre de châtaigne torréfiée.
À froid, monter au batteur, comme une chantilly.

MONTAGE

À DÉMARRER LA VEILLE

250 g d'enrobage au chocolat
(*voir recette p. 283*)
Sucre glace

Déposer des petites quantités de mousse de châtaigne sur des morceaux de film alimentaire.
Démouler les pyramides de marmelade, puis les déposer au centre de la mousse.
Refermer le film alimentaire en sculptant la mousse pour lui donner une forme de montagne.
Faire prendre au congélateur pendant 12 heures.
Le lendemain, retirer les petites montagnes du film alimentaire, puis les tremper dans l'enrobage au chocolat.
Terminer par une pointe de sucre glace pour l'effet neige.

Le myrte est une plante emblématique du maquis corse. On utilise souvent ses branches, connues pour leurs vertus médicinales. Quant à sa baie à la saveur intense, seuls les sangliers osent la croquer crue. On l'emploie surtout pour les liqueurs, mais on peut aussi la transformer en gelée. Pour ce dessert, j'ai réalisé un vieux rêve : croquer enfin dans une baie de myrte… et en savourer chaque seconde.

BAIE DE MYRTE CONFITE

MARMELADE DE BAIES DE MYRTE

À RÉALISER 2 JOURS AVANT

- 500 g de baies de myrte
- 250 g de liqueur de myrte
- 35 g de sucre en poudre
- 7 g d'agar-agar

Faire bouillir 1,5 litre d'eau dans une casserole.
Ajouter les baies de myrte, retirer du feu et laisser infuser 30 minutes. Passer au chinois, en prenant soin de bien conserver l'eau infusée.
Déposer les baies de myrte dans la liqueur de myrte et les laisser s'imbiber pendant 12 heures.
Porter à ébullition 500 ml d'eau infusée aux baies de myrte, puis ajouter le sucre et l'agar-agar.
Laisser refroidir à température ambiante puis réserver au frais pendant 12 heures.
À froid, mixer le gel infusé aux baies de myrte avec les baies et la liqueur.
Pocher la marmelade dans des moules sphériques de 2 cm de diamètre.
Faire prendre l'insert de marmelade au congélateur pendant 24 heures.

CONFITURE DE BAIES DE MYRTE

À RÉALISER LA VEILLE

- 370 g de myrtilles
- 110 g de baies de myrte
- 125 g d'eau infusée aux baies de myrte
- 100 g de sucre en poudre
- 10 g de pectine NH

Cuire les myrtilles avec les baies de myrte pendant 30 minutes, dans l'eau infusée aux baies de myrte ayant servi la veille pour la marmelade.
Ajouter le sucre et la pectine, puis poursuivre la cuisson pendant 1 minute. Mixer et réserver.

MONTAGE

- Eau-de-vie de myrte

Déposer l'insert congelé de marmelade dans un moule sphérique de 3 cm de diamètre et remplir l'espace restant avec la confiture de baies de myrte.
Faire prendre la sphère au congélateur pendant 24 heures.
Démouler et recouvrir d'eau-de-vie de myrte au pistolet.

NOUS SOMMES GEORGES ET SOLANGE FAVRE

Je m'appelle Georges, je suis arrivé en Corse il y a plus de soixante ans. J'ai choisi la vallée du Taravo pour m'installer, y fonder une exploitation, y construire ma vie. C'est ici, à Pila-Canale, que j'ai travaillé la terre, planté des oliviers, des herbes aromatiques et développé une agriculture à taille humaine.

Parmi tout ce qui pousse ici, il y a le myrte. Un arbuste corse, endémique, que l'on n'a pas planté mais qui pousse naturellement, sans aide, sur nos terrains. On a essayé un temps d'en faire une culture structurée, mais il ne s'y prête pas. Alors on a changé d'approche.

Aujourd'hui, on le valorise à l'état sauvage, sans rien forcer. On taille, on entretient et on récolte à la main. Il pousse bien ici, sans besoin d'eau, sans traitement, avec juste le climat de la vallée et le respect qu'on lui doit.

Le myrte fait partie de notre identité. Il sent le Maquis, il évoque cette Corse sèche, robuste, que l'on apprend à connaître avec le temps. Depuis 2013, c'est ma fille Solange qui a repris l'exploitation. Elle continue dans le même esprit : du bon sens, de l'autonomie et le souci de préserver ce qui est déjà là.

L'omelette norvégienne, réinterprétée avec mon ADN et les saveurs de mon île : cédrat, clémentine, pomélo... On a reproduit nos montagnes avec de la meringue – ni italienne, ni française : à la corse ! On la flambe normalement à la liqueur Mandarine Napoléon®, d'où son nom, mais, entre nous... difficile de rivaliser avec la liqueur de mandarine de Jean-Marc Negroni !

OMELETTE NAPOLÉONIENNE

SORBET POMÉLO

400 g d'eau
300 g de sucre en poudre
1 l de jus de pomélo

Réaliser un sirop avec l'eau et le sucre. Hors du feu, ajouter le jus de pomélo. Verser la préparation dans la sorbetière et faire turbiner pendant 20 minutes.

SORBET CLÉMENTINE

400 g d'eau
300 g de sucre en poudre
1 l de jus de clémentine

Réaliser un sirop avec l'eau et le sucre. Hors du feu, ajouter le jus de clémentine. Verser la préparation dans la sorbetière et faire turbiner pendant 20 minutes.

SORBET CÉDRAT

400 g d'eau
300 g de sucre en poudre
1 l de jus de cédrat centrifugé

Réaliser un sirop avec l'eau et le sucre. Hors du feu, ajouter le jus de cédrat. Verser la préparation dans la sorbetière et faire turbiner pendant 20 minutes.

MERINGUE

4 blancs d'œufs
225 g de sucre en poudre

Chauffer les blancs d'œufs et le sucre à 65 °C, puis monter la meringue au batteur.

MONTAGE

Dacquoise amande et canistrelli aux zestes d'agrumes (*voir recette p. 282*)
100 g de liqueur de mandarine

Découper le biscuit dacquoise à l'aide d'un cercle en inox en forme de Corse.
Recouvrir le biscuit d'une couche de sorbet au pomélo, puis d'une couche de sorbet à la clémentine et, enfin, d'une couche de sorbet au cédrat.
Recouvrir le tout de meringue, puis brûler cette dernière au chalumeau pour la colorer.
Flamber l'omelette napoléonienne à la liqueur de mandarine.

JE SUIS JEAN-MARC NEGRONI

Je m'appelle Jean-Marc et, dans notre distillerie familiale à Calacuccia, chaque goutte que nous produisons raconte une histoire — celle d'une terre, d'un savoir-faire et d'un lien vivant entre générations. Chez nous, distiller ce n'est pas simplement transformer un fruit en liqueur : c'est faire vivre nos villages, honorer nos montagnes, préserver une manière d'habiter le monde. Tout se fait en famille, dans la continuité de gestes appris au fil des saisons, au fil des ans.

Parmi toutes nos créations, il y a la liqueur de mandarine. Elle concentre la lumière d'hiver, l'amertume discrète du zeste et la douceur éclatante du fruit mûri au soleil corse. C'est un équilibre fragile, obtenu avec précision, lenteur et respect. Quand on la verse dans un verre, c'est tout un verger qui s'ouvre. Une liqueur fine, parfumée, ronde, qui prolonge l'enfance, les fêtes, les retrouvailles.

Ce métier me permet de rester fidèle à deux valeurs essentielles : la famille et l'ancrage local. Offrir à ceux qui viennent jusqu'à nous un goût authentique et leur prouver que la vie rurale en Corse est toujours debout, vibrante, prête à durer.

Je n'ai pas voulu mettre de vanille dans cette brioche perdue. Ça laisse toute la place à la subtilité de notre farine de châtaigne : on perçoit sa douceur naturelle, avec de délicates notes torréfiées. La brioche est simplement rôtie dans le miel de chez moi... Une pure gourmandise !

PAIN PERDU CHÂTAIGNE

BRIOCHE À LA CHÂTAIGNE

350 g de farine T45
150 g de farine de châtaigne
4 œufs
60 g de sucre en poudre
75 g de lait entier
20 g levure de boulanger fraîche
12 g de sel
250 g de beurre

Ajouter tous les ingrédients, sauf le beurre, dans la cuve d'un batteur muni du crochet, et mélanger en première vitesse jusqu'à ce que la pâte ait une texture homogène. Ajouter ensuite le beurre et mélanger en deuxième vitesse jusqu'à ce que le beurre soit bien incorporé à la pâte.
Déposer le pâton dans un cercle en inox en forme de châtaigne et laisser pointer pendant 3 heures à 26 °C.
Enfourner ensuite pour 15 minutes dans un four préchauffé à 165 °C.

LAIT DE POULE

5 œufs
50 g de sucre en poudre
500 ml de lait
100 g de crème

Dans un grand bol, fouetter les œufs avec le sucre.
Ajouter ensuite le lait et la crème. Bien mélanger.

MONTAGE

Sucre en poudre
Beurre
Miel de châtaignier

Trancher la brioche à la châtaigne en 8 belles parts.
Imbiber chaque tranche de brioche dans le lait de poule, en la laissant tremper 5 minutes de chaque côté.
Rouler ensuite les brioches imbibées dans du sucre.
Dans une poêle, faire fondre à feu doux une belle noisette de beurre et faire dorer les tranches de brioche 5 minutes de chaque côté.
Disposer une belle tranche de brioche perdue par assiette et terminer par un filet de miel de châtaignier.

Un classique des palaces parisiens, en version corse. Ici, il est réalisé avec de la farine de châtaigne. Nappez-le de l'un de nos miels corses, reflets de notre flore si spécifique. Une suggestion : le « maquis du printemps » au goût délicat et plein de fraîcheur, ou encore le miel de « châtaigneraie » long en bouche et à l'amertume prononcée, pour les amateurs.

PANCAKE CHÂTAIGNE

500 ml de lait
70 g de beurre
3 œufs
70 g de sucre en poudre
250 g de farine
170 g de farine de châtaigne
30 g de levure chimique
5 g de sel
Miel de châtaignier

Dans une grande casserole, faire chauffer le lait, puis ajouter le beurre pour le faire fondre.
Dans un grand saladier, fouetter le sucre avec les œufs jusqu'à ce que le mélange blanchisse.
Ajouter ensuite les farines, la poudre à lever et le sel. Bien mélanger.
Terminer en incorporant le lait tiède avec le beurre fondu.
Mélanger la préparation pour que l'appareil soit bien homogène.
Réserver au frais pendant 24 heures.
Cuire les pancakes dans un cercle en inox en forme de Corse, bien graissé sur les bords.
Servir avec un filet de miel de châtaignier.

JE SUIS PIERRE CARLI

Je m'appelle Pierre, je suis apiculteur depuis 2006. À Patrimonio, je veille aujourd'hui sur 300 à 400 ruches. Chaque pot de miel que je récolte est le fruit d'un lieu, d'une saison, d'une végétation précise. Six miels AOP corses, tous différents, tous enracinés dans la richesse unique de cette île. C'est simple : ici, chaque paysage a son goût et c'est ce goût que je m'efforce de capter.

Le Maquis au printemps, les châtaigniers en été, les arbousiers en hiver... Nos abeilles butinent ce que la nature leur offre et c'est à nous de les accompagner, avec respect, avec rigueur. Parce qu'aujourd'hui, l'abeille a besoin de l'homme, ce qui n'était pas forcément le cas avant le XXe siècle. Et l'homme, s'il est à l'écoute, peut lui offrir une vie pleine et équilibrée.

Je vois passer, parfois, des discours qui nous opposent — l'apiculture « traditionnelle » face à une vision idéalisée, déconnectée du réel. Mais ceux qui vivent avec les abeilles savent que ce n'est pas un jeu. Ce sont des êtres fragiles, complexes, qu'on ne laisse pas livrés à eux-mêmes pour en faire un slogan. On les soigne. On les protège. Et en retour, les abeilles nous offrent un trésor.

Alors, tant qu'il y aura des fleurs, des ruches et des gens pour goûter ce miel-là, je continuerai. Avec exigence. Avec passion. Et toujours avec l'île en toile de fond.

QUECHUA

Le pastizzu, c'est un peu le flan corse. Traditionnellement, on le réalise avec de la semoule ou du pain rassis et du caramel. Il est comme moi : entre la Corse et Paris. L'appareil à pastizzu est classique mais il repose sur une pâte à croissant, comme un flan parisien.

PASTIZZU

APPAREIL À FLAN

- 1 l de lait
- 4 œufs
- 230 g de sucre en poudre
- 100 g de poudre à crème
- 100 g de semoule fine
- 100 g de beurre
- 5 g de zeste de citron

Dans une grande casserole, faire bouillir le lait.
Verser le lait sur les œufs, préalablement blanchis avec la moitié du sucre, la poudre à crème et la semoule.
Réaliser un caramel avec la deuxième moitié du sucre, puis le déglacer avec la préparation précédente. Cuire le mélange à feu moyen, jusqu'à ébullition. Ajouter ensuite le beurre et le zeste de citron râpé, puis mixer.

BRIOCHE FEUILLETÉE

- 100 ml de lait
- 12 g de levure de boulanger fraîche
- 250 g de farine T45
- 1 œuf
- 12 g de sucre en poudre
- 4 g de sel fin
- 20 g de beurre pommade
- 150 g de beurre de tourage

Dans la cuve d'un batteur muni du crochet, mélanger en première vitesse le lait, avec la levure, la farine, l'œuf, le sucre et le sel, en prenant soin que le sel ne soit pas en contact avec la levure au démarrage.
Lorsque les ingrédients sont bien mélangés, continuer de pétrir la pâte en deuxième vitesse, jusqu'à ce qu'elle se décolle des parois.
Incorporer ensuite le beurre pommade et continuer de pétrir jusqu'à obtenir une pâte homogène. La température de la pâte doit être de 24-25 °C.
Laisser pointer la pâte à température ambiante pendant 1 heure, sous un torchon humide.
Étaler le pâton à la largeur de la plaque de beurre de tourage.
Réserver le pâton étalé au congélateur pendant 45 minutes, puis au réfrigérateur.
Réaliser un tour double, étalé à 7 mm d'épaisseur, puis laisser reposer la pâte 10 minutes au réfrigérateur.
Réaliser ensuite un tour simple, étalé à 10 mm d'épaisseur, puis étaler de nouveau à 3,5 mm d'épaisseur.
Foncer la pâte dans un moule en inox à la forme de Corse, en la faisant légèrement dépasser du moule, puis ébarber avec un couteau d'office.
Réserver de nouveau au congélateur pendant 1 heure.

MONTAGE

- 100 g de sucre en poudre

Réaliser un caramel à sec avec le sucre, le verser sur la brioche feuilletée congelée, puis recouvrir le tout avec l'appareil à flan.
Enfourner pour 30 minutes dans un four préchauffé à 180 °C.

Dans ce soufflé, je n'utilise pas de farine de châtaigne, mais de la poudre de châtaignes torréfiées. C'est une autre manière de révéler la richesse de la châtaigne corse. Le soufflé est servi avec une quenelle de sorbet clémentine : l'accord parfait pour finir un repas d'hiver. La nature a bien fait les choses – leurs saisons coïncident.

SOUFFLÉ CHÂTAIGNE

SORBET CLÉMENTINE

200 g d'eau
40 g de sucre en poudre
1 l de jus de clémentine

Réaliser un sirop avec l'eau et le sucre.
Hors du feu, ajouter le jus de clémentine.
Verser la préparation dans la sorbetière et faire turbiner pendant 20 minutes.

SOUFFLÉ

4 jaunes d'œufs
10 g de fécule de pomme de terre
10 g de farine
200 g de lait
80 g de poudre de châtaigne torréfiée
7 blancs d'œufs
80 g de sucre en poudre

Dans un grand bol, mélanger les jaunes d'œufs, la fécule, la farine et la moitié du lait.
Porter à ébullition le reste du lait et le verser sur la préparation précédente.
Reverser le tout dans la casserole et cuire le mélange jusqu'à ébullition.
Ajouter la poudre de châtaigne torréfiée et mixer.
Monter les blancs d'œufs avec le sucre, puis les incorporer à la pâte.
Verser l'appareil dans des moules à soufflés individuels, puis enfourner pour 9 minutes dans un four préchauffé à 180 °C.
Ajouter une quenelle de sorbet clémentine sur le dessus, au moment de servir.

Une tarte à réaliser avec des citrons, des clémentines ou des pomélos, en fonction du marché et des saisons. En l'utilisant du zeste à la pulpe, l'agrume de votre choix parfume toutes les préparations : la pâte à canistrelli, la crème d'amande et, bien sûr, la marmelade.

TARTE AUX AGRUMES

CANISTRELLI AGRUME

- 200 g de farine
- 3 g de levure chimique
- 85 g de sucre en poudre
- 70 g d'huile de pépins de raisin
- 55 g de vin blanc
- 5 g de sel
- 20 g de zeste de citron, clémentine ou pomélo

Dans un grand bol, mélanger tous les ingrédients jusqu'à l'obtention d'une pâte homogène.
Réserver au frais pendant 12 heures.
Étaler la pâte sur une plaque à pâtisserie, à 1 cm d'épaisseur, puis enfourner pour 15 minutes dans un four préchauffé à 160 °C.
Après la cuisson, découper 8 disques de canistrelli à l'aide d'un emporte-pièce de 9 cm de diamètre.

CRÈME D'AMANDE ET AGRUME

- 50 g de beurre
- 50 g de sucre en poudre
- 1 œuf
- 50 g de poudre d'amande
- 5 g de zeste de citron, clémentine ou pomélo

Travailler le beurre en pommade.
Ajouter ensuite le sucre, l'œuf, la poudre d'amande et le zeste d'agrume râpé.
Réserver.

MARMELADE D'AGRUME

- 500 ml de jus de citron, clémentine ou pomélo
- 35 g de sucre en poudre
- 7 g d'agar-agar
- 150 g de citrons, clémentines ou pomélos confits (*voir recette p. 282*)
- 150 g de zestes de citrons, clémentines ou pomélos réduits dans leur jus (*voir recette p. 283*)

Dans une grande casserole, chauffer le jus d'agrume, puis ajouter le sucre et l'agar-agar.
À froid, mixer le mélange jusqu'à obtenir une gelée bien lisse.
Ajouter les agrumes confits coupés en dés et les zestes d'agrumes en poudre.

MONTAGE

Pocher 1 cm de crème d'amande au fond de 8 cercles en inox de 9 cm de diamètre, puis enfourner pendant 10 minutes à 160 °C. Laisser refroidir à température ambiante.
Déposer les disques de crème d'amande dans le fond des cercles en inox de 11 cm de diamètre, puis couler la marmelade à hauteur.
Faire prendre au congélateur pendant 12 heures.
Déposer les palets de marmelade sur les disques de canistrelli et laisser tempérer les tartes pendant 2 à 3 heures avant de servir.

La tarte aux fruits est un classique intemporel, mais celle-la a le charme de notre île avec un délicieux fond de tarte en canistrelli. Les fruits frais conservent tout leur croquant, délicatement nappés d'une marmelade qui laisse entrevoir leurs couleurs. Et, comme le faisaient nos grands-mères, on la sert directement dans le plat, avec toute la simplicité et la chaleur d'autrefois.

TARTE AUX FRUITS

CANISTRELLI AU CITRON

À RÉALISER LA VEILLE

- 200 g de farine
- 3 g de levure chimique
- 85 g de sucre en poudre
- 70 g d'huile de pépins de raisin
- 55 g de vin blanc
- 5 g de sel
- 20 g de zeste de citron râpé

Dans un grand bol, mélanger tous les ingrédients jusqu'à l'obtention d'une pâte homogène.
Réserver au frais pendant 12 heures.
Abaisser la pâte à 3 mm.
Foncer un fond de tarte en céramique avec la pâte, puis réserver au congélateur pendant 30 minutes. Enfourner pour 20 minutes dans un four préchauffé à 180 °C.

CRÈME À LA VANILLE

- 250 ml de lait
- 1 gousse de vanille
- 2 jaunes d'œufs
- 50 g de sucre en poudre
- 12 g de farine
- 50 g de beurre
- 25 g de mascarpone
- 1 feuille de gélatine

Dans une casserole, faire bouillir le lait avec la vanille grattée.
Dans un grand bol, fouetter les jaunes d'œufs avec le sucre et la farine.
Verser le lait chaud sur le mélange, fouetter, puis reverser le tout dans la casserole et cuire jusqu'à ébullition.
Mixer ensuite avec le beurre, le mascarpone et la feuille de gélatine préalablement ramollie dans un peu d'eau froide.

MARMELADE DE FRUIT

- 250 g de fruits, au choix
- 3 g de jus de citron
- 25 g de sucre en poudre
- 1 g d'acide ascorbique
- 3 g de pectine NH

Dans une grande casserole, faire compoter les fruits coupés en morceaux avec le jus de citron et 20 g de sucre.
Ajouter ensuite l'acide, 5 g de sucre et la pectine, porter le mélange à ébullition et compter 1 à 2 minutes d'ébullition.

MONTAGE

- 300 g de fruits frais, au choix

Pocher la crème à la vanille sur le fond de tarte.
Sur le dessus, disposer harmonieusement les fruits frais, taillés dans le sens de la longueur et les enfoncer très légèrement dans la crème.
Réserver la tarte pendant 2 heures au congélateur.
Couler ensuite la marmelade, à chaud (environ 80 °C), à l'aide d'une louche.
Réserver la tarte au réfrigérateur pendant 2 heures avant de servir.

Du chocolat, coulé en forme de Corse, puis recouvert de quelques produits emblématiques de l'île de Beauté : des fruits confits, des amandes et des noisettes. Essayez de vous procurer la noisette de Cervione, IGP depuis 2014, ou l'amande d'Antisanti : elles sont de caractère et leur goût est intense. C'est toute la Corse !

MENDIANTS CORSES

200 g de chocolat noir à 75 %
50 g de zestes de citron confits
50 g de zestes d'orange confits
50 g de zestes de pomélo confits
20 g de figues confites
20 g de noisettes
20 g d'amandes

Faire fondre le chocolat au bain-marie selon la courbe de tempérage.
Verser ensuite le chocolat tempéré dans le fond de cercles en inox en forme de Corse.
Ajouter la garniture sur le chocolat, puis laisser prendre les mendiants au frais.

JE SUIS LYDIA CASCIANI

Je m'appelle Lydia et, depuis 2018, je cultive la terre corse — un choix de cœur autant qu'un retour aux racines. Avant ça, j'étais ingénieure en pharmacie, en Suisse. Mais, en 2015, j'ai senti qu'un autre appel se faisait entendre : celui d'un héritage à honorer, d'une terre à retrouver.

C'est l'amandier qui m'a choisie, je crois. J'ai été fascinée par sa force, sa beauté, son fruit généreux. Entre 2019 et 2021, j'ai planté 7 hectares d'amandiers. Une aventure de chaque jour. Car l'amande ouvre un champ immense de création : farine, purée, huile, mais aussi savons saponifiés à froid, crèmes, soins de la peau... Le laboratoire a cédé la place à la nature, mais la rigueur est restée.

Je m'attache à proposer des produits purs, innovants, enracinés dans la tradition mais tournés vers demain. Chaque transformation est pensée avec soin, pour préserver ce que l'amande a de meilleur — sa douceur, son intensité, sa richesse.

Mon objectif est simple : valoriser cette culture en lui donnant toute sa noblesse. Offrir aux consommateurs un produit juste, respectueux, qui fait du bien — au corps, à la peau, à l'esprit.

Un œuf de Pâques contenant tous les symboles de chez nous, à l'extérieur comme à l'intérieur, et le tout en rendant hommage à mon exemple, Alain Ducasse.

ŒUFS DE PÂQUES *CORSICA*

PRALINÉ AUX SAVEURS CORSES

125 g de noisettes
125 g d'amandes
50 g de sucre en poudre
110 g de brisures de canistrelli aux agrumes
(*voir recette p. 282*)
5 g de fleur de sel

Torréfier les noisettes et les amandes pendant 15 minutes dans un four préchauffé à 165 °C.
Cuire le sucre dans une casserole jusqu'à l'obtention d'un caramel blond.
À froid, mixer tous les ingrédients.

MONTAGE

500 g de chocolat noir à 75 %

Faire fondre le chocolat au bain-marie selon la courbe de tempérage.
Couler le chocolat tempéré dans deux moules thermoformés en forme de demi-œuf géant.
Retourner les moules et laisser le surplus de chocolat s'écouler, puis racler à la spatule pour retirer l'excédent.
Réserver les moules sur une feuille de papier cuisson, faces vers le bas, jusqu'à la prise, soit environ 15 minutes.
La coque en chocolat doit être de 2 mm d'épaisseur.
Pocher ensuite le praliné sur 1 cm d'épaisseur, sur toute la surface de la coque en chocolat.
Recouvrir le praliné de chocolat en tapotant toute la surface au pinceau.
Assembler les 2 parties de l'œuf en les faisant fondre légèrement pour qu'elles se collent facilement.

Cette petite fleur jaune soleil est un emblème de la Corse. Cueillie, elle ne fane jamais : d'où son nom, l'immortelle, et tous les symboles qu'on lui prête. Au restaurant, on sert cette pâte de fruit citron-immortelle sur une tige en métal. Il y a juste à la cueillir en fin de repas, pour découvrir la saveur si complexe de l'immortelle : ses notes de miel, de foin, de tabac…

PÂTE DE FRUIT À L'IMMORTELLE

180 g de jus de citron
50 g de fleurs d'immortelle séchées
220 g de sucre cristal
4 g de pectine
4 g de glucose
1 g d'eau
1 g d'acide citrique

Dans une casserole, chauffer le jus de citron à 40 °C avec les fleurs d'immortelle.
Laisser infuser les fleurs pendant 10 minutes, puis passer au chinois.
Pendant ce temps, mélanger 20 g de sucre cristal avec la pectine.
Lorsque le jus de citron atteint 40 °C, ajouter le mélange sucre-pectine, porter à ébullition, puis incorporer le reste du sucre et le glucose.
Cuire ensuite le tout à 75 BRIX, soit 106 °C.
Mélanger dans un petit bol l'eau et l'acide citrique, puis ajouter ce mélange au sirop.
Couler la préparation dans des moules en silicone en forme de fleurs d'immortelle et laisser prendre à température ambiante.
Lorsque les pâtes de fruit sont prises, les démouler, puis les déposer sur des tiges en métal sculptées en forme de tiges d'immortelle et peintes en vert pastel.

ANNEXE

RECETTES DE BASE

SALÉES

BOUILLON DE PORC

POUR ENVIRON 1 L
70 g d'oignon
60 g de carotte
30 g de fenouil
½ gousse d'ail
1 kg de couenne de porc noir
500 g d'os de porc noir taillés
20 g d'huile d'olive
250 g de vin blanc
5 g de poivre noir en grains
1 bouquet garni

Laver et éplucher les légumes, puis les tailler en dés.
Couper la demi-tête d'ail en deux, sans l'éplucher.
Laver les couennes de porc à l'eau glacée et réserver au frais.
Faire revenir dans un grand faitout les os de porc noir avec l'huile d'olive, puis ajouter les légumes. Laisser cuire le tout environ 10 minutes et ajouter l'ail pour la dernière minute de cuisson.
Déglacer avec le vin blanc, laisser réduire de moitié et mouiller avec 2,5 l d'eau.
Ajouter les couennes, le poivre et le bouquet garni, puis maintenir à légère ébullition pendant 5 heures, en écumant toutes les 30 minutes.
Passer le bouillon au chinois, puis au tamis.
Utiliser immédiatement ou laisser refroidir à température ambiante et réserver au frais pendant 5 heures. Le bouillon va alors se gélifier et pourra être réchauffé pour une utilisation ultérieure.

CAVIAR D'AUBERGINE

POUR ENVIRON 1 KG
1 kg d'aubergines cuites
(soit 2 kg d'aubergines crues)
100 g d'huile d'olive
10 g de sel
2 g de poivre
1 citron
10 g de persil haché
50 g d'échalotes
10 g de purée d'ail

Passer les aubergines à la flamme jusqu'à ce que leur peau soit complètement noire. Terminer la cuisson au four, à 200 °C pendant une heure.
Après la cuisson, égoutter les aubergines de leur jus, prélever et conserver leur chair. Laisser refroidir.
Mixer légèrement l'aubergine avec l'huile d'olive, le sel, le poivre, le jus et le zeste râpé du citron, le persil, les échalotes et l'ail.
Réserver au frais.

CÉDRATS CONFITS AU SEL

POUR ENVIRON 300 G
1 kg de cédrats
500 g de gros sel

Découper les cédrats en huit et retirer la pulpe.
Dans un bocal, déposer les morceaux de cédrats, puis ajouter le gros sel et le jus obtenu en centrifugeant la pulpe des cédrats.
Laisser macérer les agrumes pendant 10 jours dans le bocal fermé hermétiquement.
Avant utilisation, couper les zestes de cédrats confits en dés.

CIVET DE SANGLIER AU SCIACCARELLU ET SAUCE

POUR ENVIRON 500 G DE VIANDE ET 500 G DE SAUCE

1 kg de sanglier (morceaux au choix)
250 ml de fond de sanglier maison (voir recette ci-dessous)
750 ml de vin rouge sciaccarellu
1 carotte
1 oignon
12 g d'ail
6 g de baies de myrte
40 g de Cap Corse Mattei®
Huile d'olive

Faire rôtir le sanglier avec l'huile d'olive dans un sautoir, jusqu'à ce qu'il soit bien coloré. Ajouter ensuite les légumes émincés. Mouiller le tout avec le fond de sanglier maison et le sciaccarellu.
Ajouter enfin les baies de myrte, puis cuire à feu doux, à couvert, pendant 3 heures. Retirer le civet de sanglier du sautoir et le réserver. Mixer la sauce au mixeur plongeant, ajouter le Cap Corse®, puis réduire jusqu'à obtenir une texture nappante.

FOND DE VIANDE (SANGLIER, VEAU)

POUR ENVIRON 200 ML

2 kg d'os de viande (au choix)
100 g de beurre

Faire rôtir les os au four pendant 15 à 25 minutes à 240 °C, jusqu'à ce qu'ils soient bien caramélisés.
Les sortir du four, les déposer dans un faitout et les faire roussir avec le beurre pour les faire dorer.
Égoutter les os et les déposer dans une grande casserole. Mouiller à hauteur avec de l'eau puis maintenir à légère ébullition pendant 5 heures en écumant toutes les 30 minutes. Passer le fond au chinois.

POIVRONS CONFITS

POUR ENVIRON 200 G

6 poivrons
100 g d'huile d'olive
10 g d'ail
Sel
Poivre

Déposer les poivrons sur une plaque de cuisson, puis les cuire au four à 260 °C, jusqu'à légère coloration.
À la sortie du four, mettre les poivrons dans un sac de congélation jusqu'à refroidissement complet des légumes. Retirer ensuite la peau à la main.
Tailler les poivrons en lanières, puis les mettre à mariner pendant 12 heures dans l'huile d'olive, avec l'ail, le sel et le poivre. Réserver au frais.

TOMATES CONFITES

POUR ENVIRON 200 G

500 g de tomates
160 g d'huile d'olive
10 g d'ail
1 botte de basilic
Sel
Poivre

Émonder, épépiner et couper les tomates en quartiers. Les étaler sur une plaque recouverte de papier cuisson, puis les assaisonner avec 60 g d'huile d'olive, l'ail haché, du sel et du poivre. Enfourner pour 4 heures dans un four préchauffé à 80 °C.
Réserver les tomates séchées au frais pendant 48 heures, dans 100 g d'huile d'olive avec le basilic. Réserver au frais.

SAUCE TOMATE

POUR 1 KG

1 kg de tomates
10 g d'huile d'olive
2 oignons
15 gousses d'ail
50 g de concentré de tomate
5 g de sucre en poudre
1 botte de basilic frais
Sel
Poivre

Dans un faitout, cuire les tomates émondées et coupées en quartiers avec l'huile d'olive, les oignons émincés et l'ail haché, à feu moyen pendant 20 minutes.
Lorsque la préparation a bien coloré, ajouter le concentré de tomate et le sucre et cuire encore pendant 10 minutes. Saler, poivrer.
Mouiller à hauteur avec de l'eau et cuire, à couvert, à feu très doux pendant 3 heures.
Laisser refroidir à température ambiante, ajouter les feuilles de basilic et mixer au mixeur plongeant.

SUCRÉES

ACIDES D'AGRUMES

POUR ENVIRON 350 G
1 kg d'agrumes au choix
(pomélos, cédrats, citrons, clémentines, oranges)

Prélever le zeste des agrumes, puis les blanchir dans un départ d'eau froide.
Répéter l'opération 5 fois.
Faire ensuite cuire à feu doux les zestes dans le jus des agrumes, à hauteur, jusqu'à ce que la réduction du jus soit presque totale.

AGRUMES CONFITS

5 agrumes au choix
(pomélos, cédrats, citrons, clémentines, oranges)
3 kg de sucre en poudre

Couper les agrumes en quartiers, les déposer au fond d'une grande casserole, puis les recouvrir avec un grand volume d'eau froide. Porter à ébullition, puis retirer du feu, égoutter les quartiers d'agrumes et remplir de nouveau la casserole avec de l'eau froide. Répéter cette étape 5 fois.
Porter ensuite 1,5 l d'eau à ébullition avec le sucre. Ajouter les quartiers d'agrumes, puis laisser cuire à feu doux, à couvert, à 65 °C pendant 48 heures.
Une fois cuits, les conserver dans le sirop de cuisson.

CANISTRELLI

POUR ENVIRON 300 G
200 g de farine
3 g de levure chimique
85 g de sucre en poudre
70 g d'huile de pépins de raisin
55 g de vin blanc
5 g de sel
Le zeste râpé de 6 agrumes ou
40 g de cacao en poudre

Dans un grand bol, mélanger tous les ingrédients jusqu'à l'obtention d'une pâte homogène.
Réserver au frais pendant 24 heures.
Étaler la pâte sur une plaque à pâtisserie, à 1 cm d'épaisseur, puis enfourner pour 15 minutes dans un four préchauffé à 160 °C.
Après la cuisson, découper la plaque pour former des biscuits ou des brisures.

DACQUOISE AMANDE ET CANISTRELLI

POUR ENVIRON 250 G
3 blancs d'œufs
20 g de sucre en poudre
60 g de poudre d'amande
20 g de poudre de canistrelli
80 g de sucre glace
10 g de zestes râpés d'agrume
(cédrat, citron, clémentine, pomélo)

Monter les blancs d'œufs en neige puis ajouter le sucre en poudre. Continuer de fouetter jusqu'à obtenir une texture ferme.
Ajouter la poudre d'amande, la poudre de canistrelli, le sucre glace et les zestes râpés d'agrume.
Étaler la pâte sur une plaque à pâtisserie, sur 1 cm d'épaisseur. Enfourner pour 10 minutes dans un four préchauffé à 170 °C.

ENROBAGE AU CHOCOLAT

POUR 500 G
250 g de beurre de cacao
125 g de chocolat blanc
125 g de chocolat lait

Faire fondre le beurre de cacao, puis le verser sur les chocolats blanc et lait.
Mélanger délicatement jusqu'à ce que le chocolat soit intégralement fondu.
Utiliser sans attendre.

GANACHE MONTÉE

POUR ENVIRON 600 G
500 g de crème liquide
130 g de chocolat blanc
4 feuilles de gélatine

Faire ramollir les feuilles de gélatine dans un petit volume d'eau froide, les essorer, puis les déposer dans un grand bol avec le chocolat blanc.
Dans une casserole, porter la crème à petit frémissement, puis la verser sur la gélatine et le chocolat blanc. Mélanger délicatement jusqu'à ce que le chocolat blanc soit intégralement fondu.
Passer au chinois, puis réserver au frais pendant 12 heures.
Le lendemain, verser la préparation dans la cuve d'un batteur et fouetter la ganache pendant 3 minutes.

PRALINÉ NOISETTE ET CANISTRELLI

POUR ENVIRON 500 G
250 g de noisettes
50 g de sucre en poudre
250 g de brisures de canistrelli
(voir recette ci-contre)
40 g de beurre de cacao
5 g de fleur de sel

Torréfier les noisettes pendant 15 minutes dans un four préchauffé à 165 °C.
Cuire le sucre dans une casserole jusqu'à l'obtention d'un caramel blond.
Laisser refroidir le caramel à température ambiante sur une plaque recouverte de papier cuisson.
À froid, mixer tous les ingrédients jusqu'à obtenir une pâte de praliné.
Utiliser le praliné tel quel dans une recette ou le mouler dans un bonbon au chocolat pour le déguster comme une confiserie.

PRALINÉ CHÂTAIGNE ET CANISTRELLI

POUR ENVIRON 700 G
250 g de noisettes
50 g de sucre
125 g de brisures de canistrelli
(voir recette ci-contre)
250 g de pâte de châtaigne
40 g de beurre de cacao
120 g d'huile de châtaigne
5 g de fleur de sel

Torréfier les noisettes pendant 15 minutes dans un four préchauffé à 165 °C.
Cuire le sucre dans une casserole jusqu'à l'obtention d'un caramel blond.
Laisser refroidir le caramel à température ambiante sur une plaque recouverte de papier cuisson.
À froid, mixer les noisettes avec le caramel, les brisures de canistrelli et la fleur de sel, jusqu'à obtenir une pâte de praliné.
Étaler la pâte de châtaigne sur une plaque de cuisson et l'enfourner pour 20 minutes dans un four préchauffé à 180 °C.
À froid, l'ajouter au praliné et broyer à la feuille.
Ajouter le beurre de cacao, puis réserver au frais pendant 24 heures.
Foisonner le praliné à froid en ajoutant l'huile de châtaigne.
Utiliser le praliné tel quel dans une recette ou le mouler dans un bonbon au chocolat pour le déguster comme une confiserie.

ZESTES D'AGRUMES CUITS DANS LEUR JUS

POUR ENVIRON 350 G
1 kg d'agrumes au choix
(pomélos, cédrats, citrons, clémentines, oranges)

Prélever le zeste des agrumes, puis les blanchir dans un départ d'eau froide.
Répéter l'opération 5 fois.
Faire ensuite cuire à feu doux les zestes dans le jus des agrumes, à hauteur, jusqu'à ce que la réduction du jus soit presque totale.
Égoutter les zestes et les mettre au congélateur pendant 24 heures.
Mixer au Robot-Coupe® jusqu'à obtenir une poudre.

RINGRAZIU À TUTTI

INDEX DES RECETTES

TAPAS

ENTRÉE

PLAT

FROMAGE & PAIN

DESSERT

INDEX DES PRODUITS ET DE LEURS PRODUCTEURS

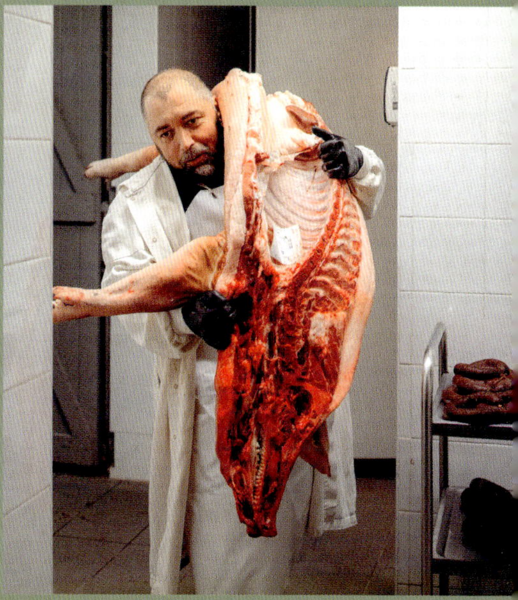

RINGRAZIU

À Alain Ducasse, pour ses conseils, sa bienveillance et son accompagnement.

À Cedric Grolet, Yohann Caron, François Deshayes et leurs équipes, pour tout ce savoir qu'ils m'ont transmis.

À ces producteurs, artisans, viticulteurs, apiculteurs, pêcheurs, chasseurs, ostréiculteurs – à tous ces gardiens du patrimoine gastronomique corse –, merci de nous avoir si gentiment accueillis.

À Calvin Courjon, pour ses magnifiques photos et pour nous avoir suivis au cœur de la Corse.

À Pierre Tachon et Camille Demaimay, ainsi qu'à Aurore Charoy et son équipe de Ducasse Édition, pour cet ouvrage et tout le travail accompli.

À Valentin Guelfucci, pour m'avoir assisté avec autant de passion.

À Paco,
pour le prêt des marbres et quartzites.

À Vasile Ileoca,
pour tous les services rendus.

À ma cousine,
pour sa confiance aveugle depuis toujours.

À ma femme et mon frère,
pour leur soutien indéfectible.

À mon meilleur ami
pour sa bienveillance infinie

L'éditeur remercie chaleureusement Claire Francillon, Aurélie Legay et Fanny Rivron pour leur travail patient et engagé.

CRÉDITS

DIRECTEUR DE COLLECTION
Alain Ducasse

DIRECTRICE DES ÉDITIONS
Aurore Charoy

RESPONSABLES ÉDITORIALES
Claire Francillon
Aurélie Legay

DIRECTION ARTISTIQUE & CONCEPTION GRAPHIQUE
SOINS GRAPHIQUES
Pierre Tachon
Camille Demaimay

PHOTOGRAPHIES
Calvin Courjon

RÉDACTRICES
Claire Francillon
Aurélie Legay
Fanny Rivron

CORRECTRICE
Émilie Morin

Imprimé en Chine par TOPPAN
ISBN : 9782379450990
Dépôt légal : Novembre 2025

DUCASSE EDITION 2025
2 rue Paul Vaillant-Couturier
92532 LEVALLOIS-PERRET CEDEX